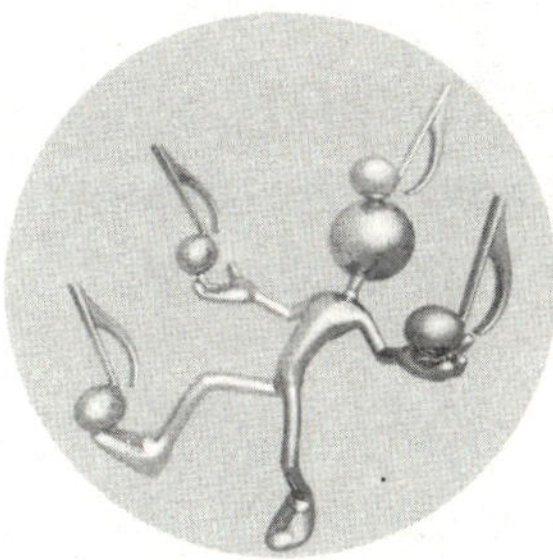

员工必备读本

像弗雷德一样敬业，像罗文一样执行

曹雅君 著

新世界出版社
NEW WORLD PRESS

图书在版编目（CIP）数据

像弗雷德一样敬业，像罗文一样执行／曹雅君著．—北京：新世界出版社，2012.6

ISBN 978-7-5104-2875-3

Ⅰ.①像… Ⅱ.①曹… Ⅲ.①企业管理－职工培训 Ⅳ.①F272.92

中国版本图书馆CIP数据核字（2012）第127920号

像弗雷德一样敬业，像罗文一样执行

作　　者：曹雅君

责任编辑：张保文　杨艳丽

责任印制：李一鸣　黄厚清

出版发行：新世界出版社

社　　址：北京市西城区百万庄大街24号（100037）

发行部：（010）6899 5968　　（010）6899 8733（传真）

总编室：（010）6899 5424　　（010）6832 6679（传真）

http://www.nwp.cn

http://www.newworld-press.com

版权部：+86 10 6899 6306

版权部电子信箱：frank@nwp.com.cn

印刷：三河市骏杰印刷厂

经销：新华书店

开本：710×1000　1/16

字数：160千字　　**印张**：12.75

版次：2012年7月第1版　2012年7月第1次印刷

书号：ISBN 978-7-5104-2875-3

定价：26.80元

前言

当下班成为每天最大的期盼，当拖延成为工作中的常态，究竟是什么让最初的职业理想渐行渐远，让我们沦为平庸的、无精打采的上班族中的一员呢？

如果我们觉得自己的工作平庸、没意义，回报又低，说明我们失去了敬业、热情、行动这些最宝贵的精神。敬业是工作之本，一个缺乏敬业精神的人，不可能以积极向上的心态去解决工作中遇到的问题，不可能以乐观进取的态度去化解工作中积压的不良情绪，更不可能从工作中找到幸福快乐，实现自身价值。

如何重燃对本职工作的热情？如何才能不再拖延，而是高效、精准地执行和完成工作中的每一项任务？

在回答这两个问题之前，我们先来看看两个人的故事。

邮递员弗雷德穿梭在丹佛市华盛顿公园附近的街区，用自己兢兢业业而又充满快乐的服务为该地区的每一位用户送去信件。他的敬业精神感动了著名演说家桑布恩先生，于是他的事迹一传十，十传百。

“把信送给加西亚”的罗文则是战场上的一个传奇人物。美西战争前夕，美国陆军中一位名不见经传的罗文中尉，在没有任何具体指示的情况下，漂洋过海、穿越丛林，将当时美国总统麦金莱的信送到了远在南美丛林的古巴起义军首领加西亚将军的手中。在与西班牙的战争中，这封信为美国赢得了古巴起义军的配合，成为美国赢得这场战争的关键因素。

像弗雷德一样敬业，像罗文一样执行，这就是我们给出的答案。

本书对弗雷德与罗文的职业精神进行了系统的提炼，结合职场深入阐述，希望能帮助大家找回最初的工作热情，高效地完成自己的每一项工作，从而实现自己的职业理想。

目录

上篇　敬业当若弗雷德

第七章 学习是对自己最好的投资

第八章 在工作中找到快乐

第九章 感恩为人生加一点阳光

第十章 抓住机会，提升自我

第三章 别让借口成为绊脚石

第四章 锁定目标，瞄准执行的核心

第五章 绝对服从，让执行零偏差

第六章 向时间要效率，效率保障落实

第七章 自觉追求高标准，到位才算执行

第八章 忠诚让内心更敞亮

第九章 你不是一个人在战斗

第十章 点燃激情，执行无处不欢乐

上篇

敬业当若弗雷德

弗雷德是美国一个普通的邮递员，他的故事改变了2亿美国人的观念，而他改变众人的力量源于敬业。

在众人眼里，投递邮件的工作是烦琐而枯燥的，然而邮差弗雷德却非常热爱自己的工作。他竭力为大家服务，并把自己的工作视为一次改变周围人的生活的机会。怀揣着这样的信念，他在投递邮件时乐意多走一些路，乐意将所有人都看成自己的朋友。

在我们的工作中，也会遇到像弗雷德这样的人。我们不但会遇到“弗雷德”，自己也能变成“弗雷德”。正如演说家马克·桑布恩先生所说：我们每个人只要迈出一小步，就能让我们平凡无奇的生活变得卓尔不群。我们也能构建良好的人脉关系，无须花费一分钱就能为他人创造价值，并塑造新的自我。

本篇提炼了敬业的诸多特点，逐一分析、论述，意在让职场人士发掘并应用。

第一章　从一份工作到一份使命

工作不只是工作

弗雷德是服务于美国丹佛市华盛顿公园周边的一名邮递员，他的外貌并不出众，却有着难能可贵的真诚和热情。多年前，著名演说家、畅销书作家桑布恩先生在华盛顿公园附近买了一幢新居。在搬到新家的第二天早上，他一推门便看见了这位令人吃惊的邮递员。

“桑布恩先生，早上好！”弗雷德带着饱满的热情说道，“我叫弗雷德，是这个片区的邮递员。得知您搬来这里，我就顺道过来看看，希望能够增进我们之间的了解。我可以知道您从事的是哪方面的职业吗？”

桑布恩先生觉得很惊讶，在他的人生经历中，从来没有一名邮递员会像弗雷德那样主动上门作自我介绍。虽然很意外，但桑布恩先生打心底感到温暖。

“我是一名畅销书作家，也经常在各地作一些演讲，与他人分享生活中的种种美好和激励人心的力量。”

“这么说来，出差旅行对您来讲应该是家常便饭了？”弗雷德问道。

桑布恩先生并不知道他问这个问题的意图，但还是回答说：“是的，我一年大概有160～200天不在家。”

刚回答完这个问题，桑布恩先生便体会到了弗雷德的贴心。只见弗雷德点了点头，建议道："既然是这样，您能给我一份您的日程表吗？这样，当您不在家的时候，我就可以将您的信件打包放好、代为保管，等您回到家的时候我再送到府上。"

出于不愿麻烦别人的心理，桑布恩先生委婉拒绝了弗雷德的建议："没必要这么麻烦，把信放在信箱里就好，我回家的时候再取也没关系的。"

不料弗雷德仍然坚持己见："桑布恩先生，据我所知，很多窃贼会通过偷窥住户邮箱来判断主人在不在家。如果他们发现你的邮箱里堆满了信件，贵府的安全恐怕就要让人担忧了。"

天啊，这个邮递员居然比桑布恩先生本人还要关心他的邮件！

桑布恩先生心想，在投递邮件方面，弗雷德真是一位专家。这时弗雷德又开口了。

"您看这样可以吗？只要邮箱盖还能盖上，我就把信放到里面，别人就不会看出主人不在家；塞不进邮箱的信件，我就放在房门和铁栏之间，这样别人从外面也看不出来；如果房门和铁栏之间的空隙也被填满了，我就把剩下的信留着，直到您回来。"

这是美国邮政的例行服务，还是小区专属的特别邮政服务？桑布恩先生感到很奇怪。

两周之后，在桑布恩先生出差的时候，美国联合递送公司将他的包裹错误地放到了其他人的门廊前。幸运的是，弗雷德发现了这个错误投放的包裹，并将包裹送到桑布恩先生的住处，还在擦鞋垫下留了一张字条，解释整件事情的来龙去脉。

就这样，桑布恩先生因为乔迁新居结识了一个让人感动连连的天使，而这样的天使，正是他一直苦苦寻找的范例和榜样！用他的事例来诠释何为敬业，用他的事迹去激励那些在职场中灰心丧气、了无生趣的上班族，再完美不过了。

在华盛顿特区，在哥伦比亚特区，在得克萨斯州的休斯敦，或是在马塞诸塞州的波士顿，弗雷德的事迹被一次又一次地分享，感动了各行各业的人。无论是服务业还是制造业，无论是高科技产业还是医疗行业，几乎人人都为弗雷德的故事所感染，都从中受到无尽的鼓舞和启发。在一次演讲之后，一位职业经理人向桑布恩先生讲述自己的深刻感触：他现在才认识到，原来自己一直以来的事业梦想就是成为一个不折不扣的弗雷德。

对于弗雷德来说，工作不只是工作，还是一份为自己和他人带来幸福和满足的事业。以此为动力，不管从事什么领域的工作，我们都能实现崇高的奋斗目标。

你做了什么有意义的事

如果说弗雷德有什么过人之处的话，那就是他让自己所做的每一件事都有意义。反观自己，我们是否能在新一天开始的时候就与自己约定好，让自己在这一天尽量去做有意义之事呢？当然，这里所说的意义，并不是指外界的种种标准。在做有意义的事之前，你如何定义“意义”二字？你用怎样的态度和行为为自己所做的事情赋予意义？

对于不同的人来说，同一件事情的意义不同。例如，漫步在巴巴多斯这样的度假海滨，你会留意身边的哪些事物？对于一位摄影师来说，拍出精彩的照片意义非凡；如果你是一位音乐家，你可能会特别注意当地的黑人音乐。也就是说，兴趣决定了你注意的方向。如果你像桑布恩先生一样关注弗雷德式的人物，你就会留意到越来越多的相关例子。你会发现能够不断努力、尽善尽美地诠释何为意义的人，往往是那些全神贯注地关注自己兴趣所在的人。

你所遇到的每一个人，所做的每一件小事，都可以为你带来独特的意义，你可以像写日记一样把这些内容全部记录下来。如果你在读报的时候发现了一则有意义的新闻，就用笔将它标记出来，再做成剪报；如果你在浏览网页的时候发现有意义的事情，不妨把它们存在收藏夹中。最终，你将拥有一本“意义档案”。对照着这些来自真实生活的案例，你会备受鼓舞，并逐渐发现，其实自己的工作也有着伟大的意义。

有时候，我们所做的事情并不是没有意义，只是我们还没有机会去发现它的意义。一个甜点师每天都制作甜点，却无法预知自己的哪一款甜点会在哪一天拯救一段濒临破碎的感情；电台主持人在深夜对着话筒娓娓而谈，却无从知晓自己的哪一席话挽救了一个心灰意冷、想要自杀的伤心人。我们没有能力预知这些可能，但只要坚守这样的信念，我们就有了指引自己前进的灯塔，我们的工作也会因此变得重要而有意义。

并不是只有像超人那样拯救人类、拯救地球于危难之中才算有意义，作为普通人，我们也不必坐等危机或是主动制造危机，以期获得做有意义之事的机会。与其把自己的力量留给可能永远也不会到来的大事，不如经常性地从小事中主动创造意义，把“做有意义之事”变成自己的生活常态。因为，“大多数伟大的意义都是靠小事的完成积累起来的”。

从另一个方面来说，工作的意义是平凡还是伟大，在很大程度上取决于做这件事情的人。全美国的邮递员有千千万，对于他们中的大多数人而言，送信就是一份略显枯燥的工作而已；对于另外一小部分人来说，送信可能是一个还算有趣的职业；只有少数几个人认为送信是一件值得全身心投入的快乐的事。由此可见，要想挖掘自己所做事情的意义，就应该达成一个共识：做最出色的工作，获得最大的乐趣。

每个人都可以在工作中实现自身价值

每个人都希望成就美好的生活和卓越的事业，每个人都有实现自身价值的渴望。大家都希望自己所做的工作不仅仅是为了生存，而是要创造出独特的价值，在这种动力的驱使之下，有些人能够化平庸为神奇。世间最不快乐的人，可能要数那些为了金钱而做自己痛恨的工作的人，因为即使是金钱也不能换来他们对于自身价值的认同；而世间最快乐的人，则是做着自己喜欢的工作的人，在这种情况下，即使是收入稍显微薄，他们也能够拥有无尽的幸福感和成就感。通过做自己喜欢的工作实现自身价值，这正是弗雷德与众不同的地方。

随着桑布恩先生巡回演讲的展开，知道邮递员弗雷德的人越来越多，弗雷德一时红遍各地，堪比好莱坞明星。已经有多家公司创设了“弗雷德奖”，鼓励那些在工作中拥有服务、创新和敬业精神的员工。有一次，桑布恩先生居然收到了弗雷德崇拜者寄来的一盒自制点心，请求他转交给这位全美最可爱的邮递员。

弗雷德为什么会成为“万人迷”？桑布恩先生认为，“越是分工明确、科技发达的现代社会，‘敬业’、‘热情’等看上去十分‘低科技’的品质就越受欢迎”。不需要举太多的例子，看看医疗机构的情形就能明白这一点。

商业化的管理，健康维护组织的种种限制，已经改变了整个医疗行业的模式。然而，无论如何改变，医疗中人的价值都是无法撼动的。无论是在1908年还是2008年，总有一些杰出的医疗工作者，在“能做什么”和“不能做什么”之间选择继续关注前者，以期实现不可替代的自身价值，成为这个行业中的“弗雷德”。

有一天，桑布恩先生的儿子亨特摔了一跤，撞到祖父的咖啡桌上。桑布恩先生和夫人想给他检查一下，看看颌骨有没有错位，便来到了当地医院的婴幼儿科。当医师助理丹走进诊疗室的时候，亨特正坐在地板上吃饼干，丹乐呵呵地向他打了个招呼之后也坐在地上，说：“嗨，小帅哥，给我也来一块饼干好吗？”

我们都知道，儿童对周围的环境很敏感，去过几次医院之后，大多数孩子都会对医生心生恐惧，甚至一听说去医院就会吓得大哭大闹。当亨特看见丹毫不客气地从自己的袋子里掏饼干吃的时候，眼睛都瞪圆了。在短暂的吃惊之后，他的小脸被笑容点亮了。不一会儿，丹与亨特玩起了游戏，他们扭作一团，打闹嬉戏。丹把亨特的两只鞋带系在一起，亨特向前走一步就会非常滑稽地跌一下。亨特一直笑个不停，他看上去特别喜欢这个游戏。

几分钟之后，亨特刚进诊疗室时的紧张感消失得无影无踪，丹这才开始了常规的检查。一直到要回家的时候，亨特都以为爸爸妈妈走错了地方，以为刚刚玩耍的地方并不是一间医院的诊疗室。

尽管科学技术日新月异，人的温情和贴心却是永远都无法取代的。支撑敬业的人的因素，也是任何先进的管理措施和组织手段都不能完全给予的。正是认识到了这一点，丹不仅把儿童体检的困难降到最低程度，更成功地消除了一个3岁孩子对医院的恐惧，让病患和家属笑逐颜开，成功地在本职工作中实现了自身价值。

工作是为了改善他人的生活

有时候，你不得不承认桑布恩先生是非常走运的。在认识邮递员弗雷德之后，他和“弗雷德”们的邂逅并没有停止。越来越多的“弗雷德”出现在高速公路休息站、机场、酒店和飞行途中，让生活显得如此美好、令人愉悦。这让他越来越深刻地感受到，改善他人的生活，是我们工作的重要意义之一。

一天早上，在开车去丹佛国际机场的路上，桑布恩先生顺道拐进星巴克，要了一杯钟爱的焦糖星冰乐。当他回到自己的三菱旅行车上时，麻烦来了：由于车上没有配备自动挡，他必须用一只手换挡，用另一只手握方向盘。无奈之下，他只得将饮料放在方向盘中央。突然之间，他觉得自己的左腿湿湿的、凉凉的，他用眼角余光一扫，一大杯星冰乐几乎全洒到裤子上，他穿的蓝色牛仔裤被染成褐色。虽然在机场的洗手间做了应急处理，但他看上去仍然很像一个大傻瓜。

一住进亚特兰大的花园酒店，桑布恩先生就马上给酒店的清洁部打电话：“我唯一的一条牛仔裤溅上了咖啡，有没有可能当晚就把它洗好呢？”

负责接电话的清洁部主管告诉桑布恩先生，宾馆没有客人专用的洗衣房，而且负责清洁牛仔衣裤的员工当天刚好没来上班。不过她表示自己愿意帮忙，将牛仔裤带回家清洗，第二天一早再送到酒店。

桑布恩先生愉快地接受了这位热心女士的建议。第二天一大早，他收到了一条干干净净、熨烫平整的牛仔裤。尽管桑布恩先生没有来得及记下这位女士的名字，但他知道，她也是像弗雷德一样总是致力于让他人的生活变得更好。

不用怀疑，所有的“弗雷德”对工作都有着让人惊叹的热情，对他人都是十二分体贴和周到。尽管不同行业和领域的“弗雷德”有着不同的闪光点，但他们的工作归根结底都是为了改善他人的生活，让世界变得更加美好。除了花园酒店清洁部的那位女士之外，桑布恩先生还遇到过许多致力于通过工作改善他人生活的“弗雷德”。

在遇见联合航空公司的一位空乘人员之前，如果有人问桑布恩先生乘坐早间6点的航班从丹佛飞往旧金山的感觉如何，他的回答可能永远都是：乏味而困顿。直到那个早上，在气氛沉闷的机舱里，扩音器里传来的另类播音服务迅速吸引了他的注意：

“如果您的鼓膜感觉不适，我建议您张大嘴巴打个哈欠，”一个甜美的女声说道，“如果您打不出来，请告诉我，我可以给您讲讲我的爱情故事。”

“飞机已经到达旧金山机场上空。目前机舱外的天气晴好，想要一睹金门大桥尊容的乘客，请不要将头和手伸出窗外。”

昏昏欲睡的乘客被这股扑面而来的清新之风吹醒了，整个机舱充满了欢声笑语。但这还没有结束，飞机着陆之后，这个爱讲冷笑话的女播音员又进行了最后一番表演。

“除非是您邻座的乘客已经抢先，不然我要第一个欢迎您来到旧金山。对于明星乘客，首相级乘客，常旅客，以及第一次乘坐本次航班的旅客——人数太多，我就不一一提起了——我们感谢您在旅行中选择联合航空。如果您愿意在下飞机时摆个造型，我们可以帮您拍张近照，并把它寄给您的亲友，或是上传至社交网站，让他们时刻记住您。

“最后，我想提出一个小小的心愿，下飞机的时候拜托您一定要微笑，让外面的人能够想象出您在旅途中度过的美好时光。”

这位“弗雷德”不惜用自嘲和冒险来创造快乐，而她的乘客也确实从中得到了快乐。

是不是只有像桑布恩先生那样得到幸运之神眷顾的人，才能在人生中碰到一个又一个“弗雷德”，从而不断享受生活的美好？答案当然是否定的。要知道，弗雷德是可遇的，更是可求的。如果这个世界到处都有“弗雷德”，人人都为自己的工作而自豪、致力于把普通打造成卓越，那么毫无疑问，我们将拥有天堂般的生活。拥有这样美好的生活的秘诀就在于：成为一名“弗雷德”！

第二章　出色的工作为你赢得尊严

工作表现决定一个人在生活中的地位

一个人在生活中的地位往往不是由他从事的工作决定的，而是由他在工作中的表现决定的。没有不重要的工作，只有看不起自己的工作的人。正是基于这一点，《福布斯》杂志创始人、传奇人物贝蒂·查尔斯·福布斯才会说出如下这番话："做个一流的卡车司机，比做个不入流的公司董事更为光荣，也更有满足感。"

工作表现不仅决定一个人在生活中的地位，良好的工作表现还能使我们获得更多的机会，从而不断地发掘自己的优势，直到自己的潜力全部发挥出来。

底特律有一位年轻人，由于家境贫寒，不得不在16岁的时候辍学，自己赚钱养活自己。为了生存，他做过侍应生，做过清洁工，甚至给脾气古怪的画家做过模特。这位年轻人过早经历了人世间的艰辛，但他没有消沉，而是时刻激励自己，一定要改变自己的命运。

18岁那年，这位年轻人经人介绍来到一家汽车公司的生产车间打工。从踏进工厂的那一天开始，他便下定决心，一定要成为整个工厂最有出息的人。

生产车间条件艰苦，工作又苦又累。工人们常常天不亮就起床，一直干到太阳落山。每天连续十几个小时的繁重劳动让工人们抱怨连连：

“工作太累了，时间太长了，薪水太低了。”很多人干脆消极怠工，一有机会就停下来偷懒。

在怨声载道的车间里，只有这位年轻人从不吭声，因为他知道自己别无选择。每天，他除了按时按量完成自己的工作外，还认真总结当天的工作经验。他设法找来一些汽车专业方面的杂志和书籍，一有空闲就自学。在宝贵的休息时间，大部分工人总喜欢在嘈杂的车间里打牌，而他总是找一个角落静静地看书。

一天晚上，工人们照例聚在一起打牌，公司的一位经理到车间例行检查，一眼就看见了躲在角落里看书的年轻人。好奇心驱使经理走上去，瞄了瞄他手中的书，又翻了翻他的笔记本，最后惊诧地看了他一眼，一言不发地离开了。

第二天，这位经理将年轻人叫到办公室：“你为什么要看那些东西，有什么用吗？”

“当然有用了。在我看来，公司并不缺少干体力活的人，却需要一些具备专业技能和有相关经验的管理人员，你说对吗？”年轻人严肃地回答道。

经理连连点头，对眼前这个貌不惊人的年轻人刮目相看。很快，这位用心的年轻人便被提升为技师。他不在乎同事的妒忌和不满，以更积极、更努力的态度投入到工作当中。对于周围人的冷嘲热讽，这位年轻人这样回应：“我不是在为老板打工，更不是单纯地为了赚钱，我是在为自己的理想和前途奋斗。我只有在业绩中提升自己，使自己工作所产生的效能远远超过自己所获得的薪水，我才能得到重视，才能实现自己的价值。”

果然，他只用了7年时间就从一个普通工人成长为汽车公司的总经理，而他的大部分工友还在条件恶劣的车间里玩着扑克。

桑布恩先生见过很多对自己的工作充满热情的出租车司机，也见到过一些完全失去进取动力的高层经理。职位从来不能决定一个人的表现，反倒是工作中的表现最终决定了一个人在生活和工作中的地位。如果你是一个打工族，应该让自己建立这样的观念：我不是在为老板打工，也不是在为金钱打工，而是在为自己的成长和未来打工；我今天的工作表现，将决定明天我在生活中的地位。

金钱，最糟糕的解决方案

让我们来做一个有趣的假设：如果邮递员弗雷德将金钱作为首要考虑的因素，那么桑布恩先生以及华盛顿公园附近的居民还能享受到如此令人感动的服务吗？

替他人保管邮件不会带来一美分的额外收入，只考虑金钱的人会将这些毫无收益的事情一脚踢开。

主动接近和了解辖区的居民，让投递的工作更温暖、更人性化，这样的行为也不会为弗雷德带来更多的奖金。

积极主动、用心服务和粗暴地将邮件扔到每家每户的门口（甚至有时还会扔错），分别以这两种方式工作的邮递员在薪资上并没有太大的差别。

在桑布恩先生的一次演说后，芝加哥一家大型机械公司的总裁对他说，“正如您所讲的那样，弗雷德的动力并不是金钱”。这位总裁也发现，在很多鲜活的行业案例中，金钱有时候甚至被证实是解决问题、激励员工的下下策。

真正卓越的人，很少刻意地去追求金钱，他们一心只想把自己的事业做好，爱自己的事业远胜于爱金钱。就像弗雷德所说的那样："当我将儿女的圣诞礼物递到独居的老妇人手中，或是将恋人寄来的明信片放入某人寂寞的邮箱时，我的快乐和满足总是无以言表。"我们相信这是弗雷德的肺腑之言，并没有矫饰的成分。

比尔·盖茨的净资产约为466亿美元，就算他每年狂掷1亿美元用于奢华享乐，也需要466年才能将这些钱全部用光。可是，他为什么还要那么努力地工作呢？史蒂芬·斯皮尔伯格的净资产约为10亿美元，这些钱足够让他在余生享受优越尊贵的生活，为什么他还要不停地拍电影？一个人真实的工作能力，取决于他对工作的热爱程度和对实现自我价值的渴望程度。我们都知道著名的马斯洛需要层级理论，马斯洛认为，"一个人只有在追求自我价值的实现时，才能迸发出持久而强大的热情，从而最大限度地服务于社会"。很多时候，那些心无旁骛、醉心事业的"弗雷德"所获得的财富，反而比那些只想着赚钱的人获得的更多。

中国有句古话是这么说的：但做好事，莫问前程。工作中，如果我们心里总是惦记着干完这个活儿老板会不会兑现他的承诺，把奖金发给我，或者提拔我，又怎能安下心来工作呢？相反，如果你做好了自己的本职工作，没有人会忽视你的存在。当你忠于自己的理想、自我和本职工作时，你就选择了一种能让自己获得满足、快乐和足够幸福感的工作态度，你会因为这种工作态度而变得坚不可摧。

谋生固然是一份工作的基本功能，但发现工作中的机会比谋生要重要很多。工作不只是为了挣钱，人生应该有比赚钱更高的追求，我们应该在工作中充分挖掘、发挥自己的才能。金钱只能够塞满我们的荷包，而主动为自己工作却能赢得未来。做任何一项工作都是一个学习的过程，其中包含许多成长的机会，一个人在公司乃至整个行业内的业绩和名声是远比薪水珍贵的财富，这才是我们的核心竞争力。

正因如此，在一家公司工作，我们不仅要考虑薪水的多少，还应该注重发展自己的技能、锻炼自己的意志、提升自己的人格魅力。与这些技能和经验相比，薪水只能放到相对次要的位置。一定要记住，公司只能支付你薪水，而自身能力的提升则是终生受益的财富。当你拥有成熟的技术和经验，构建好自己的核心竞争力之后，理想的薪金自然会随之而来。

为薪水工作的生活模式是极为平庸的，无法让你真正体会到工作的快乐。只有那些总想着通过自己的工作为公司、为自己创造价值的人，才会创造奇迹，获得更高层次的回报。

态度可以赋予工作尊严

如果将弗雷德作为榜样加以分析，有一个事实是显而易见的：弗雷德并不是因为参加了特别的激励培训才向人们提供额外的优秀服务的；同时，他的这种行为也得不到特别的奖励。如果没有桑布恩先生的巡回演说，他的事迹只会在小范围内流传。能让弗雷德这个名字家喻户晓的，能将尊严带给弗雷德这个名字的，只有弗雷德本人。

无论你是为世界500强的公司效力，还是在一个摇摇欲坠的草台班子中打拼，只要愿意，你永远都能有所作为。有的上司可能会对员工的出色表现视而不见，或是不能给予及时的鼓励；而另一些上司则会培训员工，改善他们的工作环境，并且非常重视奖励。但是，不管环境的利弊顺逆，卓越的工作表现都是自己选择的，工作的尊严要靠自己赋予。

仔细回想一下，在以往的工作当中，你是为顾客和同事带来了喜悦，还是为他们增添了烦恼？你是帮助自己的组织向着目标迈进，还是阻碍它前进的脚步？你的工作表现是敷衍草率，还是精益求精？你是时刻都乐意帮助他人，还是常常拖别人的后腿？

如果你想获得职业尊严，在一个工作日结束之后不妨认真地问自己："我今天究竟做了哪些有意义的事情？"商界领袖弗雷德·史密斯有过这样一个论断：大多数人都渴望自身价值的体现。对于这个论断，桑布恩先生表示百分之百赞同。

对比一下弗雷德和其他普通的邮递员，最大的区别就在于别的邮递员只是在完成自己的工作，而弗雷德从中看到了为他人生活带来积极改善的契机。

马丁·路德·金曾说："如果一个人是清洁工，那么他就应该怀着米开朗琪罗画画、贝多芬作曲和莎士比亚写诗的心情来清扫街道。他的工作应该出色到人人交口称赞：'瞧，这里有一位伟大的清洁工，他的活儿干得真是无可取代！'"

这段话是对职业尊严最完美的阐释。没有卑微的工作，只有看不起自己工作的人。生活中我们常听到这样的话：工作给人带来尊严。有一份工作可以为自己和家人提供生活的保障，这确实是非常重要的。然而，这只是工作这枚硬币的一个面，我们之所以很少听到有人说人也能给工作尊严，是因为很多人都忽略了人在工作中的主观能动性，忽略了人的态度对于工作的积极导向。

我们没有必要因为他人的赞赏和崇拜而自我膨胀、自命不凡，也没有必要因为他人的批评和否定而感到懊恼，停下前进的脚步。真正的职业尊严与他人的支持、承认和奖励并没有太大的关系，完全依靠自己的努力做到最好才是带来成就感的决定性因素。

升级动机，超越简单雇佣关系

工作不仅是为了谋生，而是一个关乎人生的选择。即使面对相同的工作，一个抱着“工作就是为老板打工”想法的人和一个怀有“工作是一种使命，完成使命关系着人类幸福”思想的人所获得的结果也是完全不同的。想要超越简单的雇佣关系，就要将自己热爱并且乐在其中的工作当成使命，在积极完成使命的同时充分发掘自己的潜能，实现自身的价值。

一个人的工作，就像是他亲手制作的雕像，是美还是丑，是精致还是粗糙，都是由他自己决定的。这个人的一举一动，无论是投递一封信，出售一件货物，还是接听一个电话，无不在展示着他工作的成果。

如果一个人轻视自己的工作，展现在大家眼前的雕像就会非常粗陋，而他也无法尊重自己的成果。如果一个人总是觉得自己的工作辛苦、烦闷，那么他也绝不可能将工作做好。遗憾的是，我们周围有太多人不懂得尊重工作提供的机会，仅仅将工作视为物质生活的供给者，而不把它看做是创造事业的机会和实现人生价值的舞台。其实，那种把工作看做生活代价的观念是非常过时的。常常抱怨工作的人，大多还陷在简单的雇佣关系中，被动地受雇主指挥和剥削，是不折不扣的廉价劳动者。

要想改变这种状况，最好的办法就是改变心态。

巴黎一家米其林三星餐厅的主厨曾经说过：“一个想要早日习得精湛手艺的厨师，如果仅仅想着‘我要做美味的料理’就能实现心愿，那简直就是天方夜谭。而如果将‘我要做美味的料理’的念头换成‘做美

味的料理是上天赐给我的最完美的工作’，那么他的厨艺就能取得快速的进步。”这便是将工作上升到使命感的高度后产生的巨大不同。

要想超越简单的雇佣关系，就需要将我们的工作导向最能表现自己才能和价值的领域。一个人对待工作的态度，和他本人的性格与才能是密不可分的。要预测一个人能否实现自己的心愿，只需要观察他工作时的精神面貌就可以了。可以想见，如果一个人在做事的时候感觉处处受到束缚，除了劳碌辛苦之外不能体会到丝毫的快乐，那么他绝不可能在自己的事业中取得大的成就。

要想超越简单的雇佣关系，做任何事都必须竭尽全力。不管你的工作看起来如何卑微，你都应该发扬弗雷德的精神，拿出十二分的热忱去迎接它。无论在什么时候，厌恶自己工作的人最终必将遭到工作的遗弃。如果你为环境所迫不得不做一些乏味的工作，也应当设法从这些乏味的工作中找出一些乐趣来。

让我们再回到弗雷德的故事上来。邮递员弗雷德本来只是美国邮政的一个普普通通的雇员，而在桑布恩先生的一次演说中，他却成了美国邮政竞争对手的“眼中钉”。当时作为演说赞助方的另一家邮政公司认为美国邮政是自己的竞争对手，在那次演讲中，他们禁止桑布恩先生使用弗雷德的例子。这家公司也渴望并鼓励自己的雇员为客户提供弗雷德式的服务，但在那次演说中他们却“封杀”了弗雷德。这虽然让桑布恩先生有些吃惊，但是也从另一个侧面说明：一旦超越了简单的雇佣关系，你为自己和公司带来的竞争力将是无穷大的。大多数雇主都明白，弗雷德式的员工可以使公司在竞争中处于有利位置。再强大的竞争对手，也会敬畏10个雇员中就有五六个弗雷德式人物这样的公司。

与公司间的竞争形成鲜明对比的是，弗雷德用自己的行为证明了人们在生活中还有一个不那么鲜明的竞争对手，那便是我们自己。换句话说，也就是我们每天都在挑战自己的潜能。在发掘潜能、升级动机之路上，大多数人都有着美好而巨大的空间。

像恋爱一样去工作

还记得你是如何开始自己的初恋的吗？当时的你是羞涩，是懵懂，还是完全搞不清楚状况？再回忆一下，当你做第一份工作的时候，那种微微紧张而慌乱的感觉是不是也很像初恋？其实，恋爱和工作确实有很多相通之处。某投资银行的高管说：“一个能认真对待自己工作的人，多半也能对自己的爱情负责。”

很多人一旦投入一段感情就会变得很痴情，恨不能对恋人倾注自己的全部。他们的心情会随着恋爱晴雨表而变化，他们的情绪会因为对方的举手投足而发生剧烈的变化，因此有人把这种表现戏称为“恋爱综合征”。我们很容易为爱痴狂，却只有极少数人将恋爱和工作同等对待，用对待恋人的痴狂来对待自己的事业，用对待恋人的专注来对待手头的工作。“弗雷德”们显然是深谙与工作之间的恋爱艺术的，所以他们的事业无一例外都开出了美丽的花朵。

对于弗雷德式的人来说，他们有着自己的恋爱工作感言。

首先，恋人是绝对不会故意犯错的。一个死心塌地爱着你、跟着你的人，不会故意处处跟你作对。所以，如果你准备好要去爱一个人，就应该全心全意地履行自己的承诺，满足对方的期望。同样，当你准备好接受一份工作的时候，就要尊重它、爱护它，尽力满足这份工作的各种要求。

其次，发现恋人有错，要先问自己是不是看错了。如果恋人脸上有一颗痣，那么这颗痣的大小实际上取决于你的眼睛。你认为它大就大，你认为它小就小。同理，对于上司、老板、客户或是工作伙伴的错误，过分的挑剔和指责不但不能解决问题，反而会将双方的负面情绪扩大，最终给工作带来不良影响。纵观我们身边那些把工作当成恋人的“弗雷德”，他们的第一反应总是假设自己看错了，从而忽略工作环境或是团队成员的一些无关紧要的瑕疵。

如果真的没看错，那么一定是因为自己的原因，才导致恋人犯错。当恋情出现问题的时候，最成熟的应对态度是先在自己身上找原因。同理，要消弭那些工作中发生的不快，首先要做的事情不是指责对方，而是检讨自己。

不要紧盯上司、老板和客户的错误，并不是说自己去背所有的黑锅，但率先认错的态度是职场必不可少的美德。在硅谷一家大型电子芯片公司的工作会议上，总有一个年轻人每次都向与会者诚恳地检讨自己在工作中的种种不周和失误。时间久了，几乎每个人都被他自我检讨的精神所感动，于是在一次人事调整中，他被提拔为公司有史以来最年轻的部门主管。

然而，怎样才能坦然地面对各种困难？怎样才能像弗雷德那样无怨无悔地付出呢？其实很简单，对于爱情，我们有类似“选择一个爱你的人，然后爱你选择的人”这样的金句；对于工作，我们同样可以坦率地说“选择一份你爱的工作，然后爱你所选择的工作”。一旦做出了选择，人类喜新厌旧的本性和心理上的种种失衡都应该让位于忠诚和责任，并渐渐对工作产生崇高的爱意。

有一个“羊驼吃草”的寓言故事：一头羊驼正在圈里吃草，突然抬头看见不远处的圈外也有很嫩的草，于是它赶紧跑到那里去吃草，刚吃了一口就觉得味道不怎么样，于是又回到圈里吃最开始的那堆草。就这样，它在圈里和圈外来来回回跑了数百次，最终又累又饿地死去了。在美丽的海边捡贝壳，很多人也有这样的经验：总觉得沙滩上还未被捡起的贝壳比已经攥在手中的贝壳更漂亮，于是毫不犹豫地扔掉前一颗，捡起后一颗。如此循环往复，最终手里只剩下一颗永远也不够漂亮的贝壳。

这些例子都说明了一点，如果你无法坚守自己的选择，那么这种选择就毫无意义。像恋爱一样去工作，付出自己的真诚和热情，力求尽心尽力、忠于工作，那么我们与弗雷德之间的差距就会越来越小。

第三章　自动自发是优秀的秘诀

与工作有关的事都是“分内事”

在工作中力求卓越，就必须永远保持主动率先的精神。回顾邮递员弗雷德的种种表现，我们就会发现，很多额外服务都不是邮递员职责范围内的工作。永远不要小看这种额外服务，它既是一个人崇高品质的体现，又能让其对本行业有更多的了解，从而获得更多的机会。工作中的成功人士和平庸之辈最本质的差别往往在于：成功者将工作当成一种储备，多多益善，而平庸的人则死守职责，对职责之外的工作不闻不问。

成功学大师拿破仑·希尔曾说：“人与人之间的差异其实十分微小，但正是这种微小的差异导致了截然不同的结果。很小的差异在于你的心态是积极还是消极，而巨大的差异就是成功与失败。”一位著名企业家也说过：“如果你不愿意在工作中超过一般人的平均水平，那么你便不具备在高层工作的能力。”

现代企业的发展日新月异，随着业务的扩展，个人的职责也会扩大至事先界定的范围之外。与其总拿“这不是我的分内事”作为推脱责任的理由，不如认真对待分派给你的额外工作，抓住其中潜藏的机遇。

卡洛·道尼斯刚到世界著名汽车制造商杜兰特麾下工作的时候，职务十分低微，但他很快就成为杜兰特先生的左膀右臂，担任其下属一家公司的经理。如果要问究竟是什么让他得到如此迅速的升迁，其实就是他多做了一点职责之外的事情。在谈论自己的升职经历的时候，卡洛说："一开始为杜兰特先生工作的时候，我就注意到，每天所有人都下班回家之后他会继续留在办公室里工作到很晚。这件事让我深受触动，于是我决定下班之后也留在公司里。当时确实没有人要求我这样做，但我觉得自己应该留下来，在杜兰特先生需要的时候为他提供一些及时的帮助。"

在工作的时候，杜兰特先生常常需要查找文件、打印材料，以前这些事情都是他自己做的。在卡洛·道尼斯进入公司不久，他就发现这个高大的年轻人一直在他身旁时刻等待着吩咐。久而久之，杜兰特先生也就养成了召唤卡洛·道尼斯的习惯。

只是比别人多一些额外的付出，卡洛·道尼斯便给杜兰特先生留下了深刻的印象，为自己工作的公司带来了良好的效应，受到肯定和重用也就成为自然而然的事情。

在当今的商业社会，全球出现社会化大生产的趋势，对待职业保守而被动的态度已经越来越不能适应时代的需要了。恪守职责是远远不够的，那些事事等待命令、满足于完成交付给自己的任务的员工，在今后的工作、竞争中只会越来越力不从心。只有像卡洛·道尼斯那样积极、主动、全身心投入工作中的员工，才是企业急需的人。

对于本职工作，我们理应尽职尽责。而对于职责之外的事情，只要有利于公司、有利于团体、有利于社会，我们同样应该满怀热情，尽力而为。

弗雷德同样深谙这个道理：你必须持续地为他人创造价值，而不需多花一分钱。当很多人还在抱怨自己缺乏创造价值所需要的资源时，只有一套蓝色制服、一只布口袋的弗雷德已经在走街串巷为人送信了。弗雷德的口袋里装满了邮件，而脑袋中却装满了美好的理想。正是这些理想，让他为顾客创造出不可思议的价值。所以，桑布恩先生认为，弗雷德掌握了21世纪最为重要的职业技能——在不增加支出的情况下为客户创造尽可能大的价值。

做一些看起来不在职责范围内的有意义的事情，也许会占用你一部分休息时间。但是，你的行为会让你收获良好的声誉，并使他人真正赏识你、尊重你。

不解决问题就会成为问题

工作，其实是一个不断发现问题再解决问题的过程。在职场中，很多人为了保持工作安稳的现状，往往故步自封，按部就班地完成上司交给自己的任务。他们可能认为自己“正在努力工作”或者“已经努力过了”，但实际上他们把问题原封不动地留给了别人。我们必须明白的是，问题不会因为有意的回避而消失，推卸责任只能使已经存在的问题变得更加严重。最好的应对办法是做个有心人，勇敢地承担起自己的责任，积极主动地寻找各种解决问题的办法。

“满足于做了”和“主动工作”，就像机器人和有血有肉的真人一样，是截然不同的两个概念。机器人只能按照预先设定的程序进行判断和执行，而人应当有目的、有主见、有责任心，还应该学会分析问题。美国邮政的工作规章并没有明确指出员工应该怎样处理长期出差的客户的积压邮件，而弗雷德能主动给客户提出不止一种解决这个问题的建议。

遗憾的是，我们常常可以看见一些像机器人一样没有主动性和责任心的员工。他们只做上司要求他们做的事情，在工作过程中所发生的各种问题仿佛都与他们没有关系。从表面上看，这样的程序机器人型员工吃苦耐劳、遵守纪律，但他们解决不了任何新出现的问题，于是他们自己变成了工作执行过程中最大的问题——一旦上司没有“预先设定程序”，或是情况突然发生变化，他们总要等待着上司发出新的指令。如果上司没有指示，他们不是停步不前就是绕开问题，做一些毫无意义的琐事。

明智的老板从来不会雇用程序机器人型员工，因为他们深知：一个人如果不能解决问题，那么他就会成为问题。公司所需要的，是能够真正进入工作状态、独立自主把事情做好的员工。这样的员工，无论他们有着怎样的背景、学历和技能，最终都会受到公司的器重，得到更多的发展机会。

迪士尼公司将一首传统歌谣改编为《高飞狗问丽莎》，这也是对程序机器人型员工最为精妙的诠释：

高飞狗问丽莎，水桶漏了怎么办。丽莎回答说：“那就补起来吧，亲爱的高飞。”

高飞狗问丽莎，没有松脂怎么办。丽莎回答道：“那就用稻草吧，亲爱的高飞。”

高飞狗继续问，稻草太长怎么办。丽莎耐心答：“那就用刀割吧，亲爱的高飞。”

高飞狗继续问，刀太钝了怎么办。丽莎耐心答：“用磨刀石磨吧，亲爱的高飞。”

高飞狗再次问，石头太干怎么办。丽莎再次答：“用水润一润吧，亲爱的高飞。”

高飞狗再次问，厨房停水怎么办。丽莎再次答：“用水桶提水吧，亲爱的高飞。”

高飞狗最后说：“可是我的水桶破了一个洞，亲爱的丽莎，我的水桶破了一个洞呀一个洞。”

就这样，高飞狗的问题又回到了起点。

公司里的那些程序机器人型员工，正是像高飞狗一样害怕承担责任，他们对自己将要面临的各种工作从来不认真思考，更不会做出任何果断的决定。在执行的过程中，他们总是每事必问，事无巨细地向上司请示。其实，他们不做决定的原因只有一个，那就是逃避问题。可是，在现实工作中，问题往往不会因为推诿而自动消失，兜兜转转一圈之后很可能还是会重新落到自己的头上。

不解决问题，自己便会成为问题；主动解决问题，工作则会赠与你更多发挥潜能的机会。要想避免成为程序机器人型员工，我们就需要明白“弗雷德”们都懂得的一个道理：上司并不是问题的解决者。

在工作过程中，不论级别高低，不分工种，所有人都免不了遇到许多问题、压力和挑战。而由员工自动地解决这些问题、化解这些麻烦，也正是企业的老板聘用员工的目的所在。所以，我们一定要具备主动处理问题的意识和正确解决问题的能力，千万不能把所有的问题都留给上司。

管理学家斯蒂芬·布朗说过：“领导并不是问题的解决者，而只是问题的提出者。”事实上，员工和上司的关系确实如此——你是去公司工作，而不是去公司为上司安排工作（把问题推给上司）。

著名出版家和作家阿尔伯特·哈伯德则认为，“每个雇主总是在不断地寻找那些能够助自己一臂之力的人，同时抛弃那些毫无作用、不能适应岗位的人”。

在工作中遇到的问题，如果不去正视它、解决它，它将会给你带来更大的压力。与其费尽心思地琢磨怎么逃避问题，不如运用心智去寻找解决问题的办法。当越来越多的问题在你手上终结的时候，你也就在不知不觉中成长为一个与众不同、令上司刮目相看的员工了。

从客户的抱怨中找到改进的方法

在战场上，兵家向来讲究“知己知彼，百战不殆”。同样，在工作中，我们也需要主动去了解甚至是揣摩他人的想法。桑布恩先生刚刚搬来，弗雷德便前去拜访，在闲谈中了解客户的情况，这便是一种主动出击、为成功加码的巧妙方法。桑布恩先生在无意间说出了自己一年中有大半时间都在外奔波的状况，而正是这不经意的一句话让弗雷德明白了对方的麻烦在哪里。

要重视从客户口中说出的那些抱怨的话，因为这些话往往能反映出客户的实际需求，从而帮助我们找到改进工作的办法。

有一位推销员，在美国中西部地区推销一种安全套时遇到了当地淳朴居民强烈的抵制——与一个陌生的推销员谈论与性相关的内容，并接受他推荐的商品，这看上去似乎有些不可理解，甚至有伤风化。然而，这个吃了多次闭门羹的推销员并没有放弃，他适时地转变策略，开始与一位客户谈论抚养孩子的费用问题。

客户很快向推销员打开了心门，抱怨政府税收不断上调、私立学校中小学的学费越来越贵，自己的孩子甚至刚上高中就需要通过打工来补足自己的学费，而做父母的也很无奈。

“如果拥有3个以上的孩子，对大多数家庭来说负担都很重吧？”推销员随意而又巧妙地问道。

对方想都没想就回答说：“那当然了，抚养两个孩子已是很多家庭所能承受的极限。不过你也知道，在生孩子这个问题上，总是会发生很多意外的，而大部分本地居民的宗教信仰又不允许他们选择堕胎。”

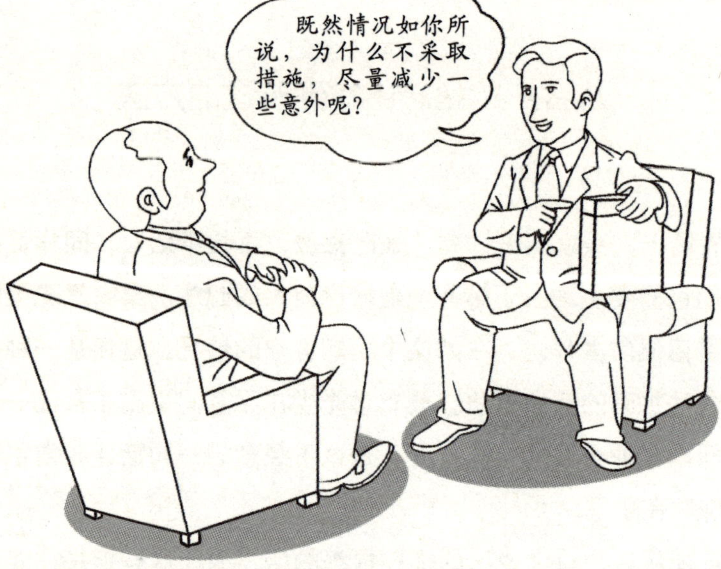

说者无心，听者有意。这位推销员一下子就找到了向客户推销自己产品的切入点：“既然情况如你所说，为什么不采取措施，尽量减少一些意外呢？据我所知，很多厂家采取的检测方法只能将出厂安全套的破损率控制在千分之一以内，而我要向你推荐的这个品牌的安全套，由于采取了全电脑化操作的质量监控技术，出厂破损率只有十万分之一……”

我们每天在工作中接触大量的信息，如何从客户的抱怨中捕捉到有价值的信息并找到改进工作的方法？我们所需要的，就是在工作中培养像弗雷德那样主动聆听和主动观察的精神。

时刻准备着抓住机遇

20世纪20年代的美国西海岸流行着这样一句话：人人都渴望成功，人人都有成功的机会。这句话现在听起来有点像老生常谈，但仍然具有建设性。提到“机遇”二字，似乎每个人都期待好的机遇，但在实际的工作中，并不是每个人都能用心做好一切准备，以抓住生命中一闪而过、转瞬即逝的机遇。

桑布恩先生很喜欢在自己的演说中引用一个幽默而发人深省的桥段——上帝的抱怨。有人总是向上帝抱怨：为什么砸中牛顿的苹果没有掉到自己头上？为什么飞人的双腿没有长在自己身上？为什么自己没有爱因斯坦那样聪明的大脑？为什么拿破仑会遇到约瑟芬而英俊潇洒的自己至今无人问津？而上帝也有自己的抱怨，他总是抱怨那些人，将苹果扔到他们头上，他们却在愤怒之后将其吃得一干二净；给了他们飞人那样的双腿，他们却连上楼梯都不舍得用它；给了他们爱因斯坦的大脑，他们却在别人的嘲笑中一蹶不振；让他们成为拿破仑，先将他们扔进监狱受尽折磨，再将他们扔进塞纳河里，就在约瑟芬赶去相见时，他们却将自己的身体投入了河中……

如何才能迎着机遇大步前行？桑布恩先生给了我们以下几条建议：

一是要善于把危机转变成机遇。在20世纪90年代中期，东南亚地区的经济奇迹般增长，前景一片灿烂。那个时候的商人普遍过度投资房地产，高估市场需求，盲目地扩大企业规模，最终爆发了严重的经济危机。在每个人都灰心丧气的大萧条时期，“金融大鳄”索罗斯却狠狠地赚了一把。索罗斯当时在东南亚的投资数额之巨，一方面将他洞察机会的能力展现得淋漓尽致，另一方面也让大家看到了他在危机中把握机遇的技巧。我们应该明白，危机和机遇是并肩而行的兄弟。一旦将机遇的成本值、期待值和风险值权衡清楚之后，就应该在有把握的前提下大胆出手。

二是要积极主动地创造机遇。每个人都有自己的理想，但不是每个人都能用心为自己创造机遇。人们的脑子里常常会有很多一闪而过的点子，这种点子在一般人眼里过了就过了，机遇就此消失。如果你能用心抓住灵感的火花，那么你就能走在别人的前面。

三是要从失败中寻找机遇。我们总是说“失败是成功之母”，而这句话中隐含的意思却被大多数人忽略：失败只是成功的必要非充分条件，失败不能自动产生成功。对于每一次失败，我们都应该充分地分析和评估，理清失败的原因，寻找能够帮助自己重振旗鼓的契机。有的失败只是由一个小小的偏差导致的，这个时候我们可以修正方向，重新来过。有的失败败在宏观方向上，这种失败即使是无法挽回的，也可以作为总结经验教训的宝贵机会，以确保下次不会重蹈覆辙。桑布恩先生的一位同行在2005年出了一本叫做《下一个失败是致命的》的书，这本书的观点和民谚“重复失败是最大的失败”不谋而合。几乎每个人都失败过，然而有些人一败再败，有些人则能够从失败走向成功，对此我们不能不认真地进行思考。

四是要善于创造和抓住那些能够双赢的机遇。我们常听到“握手言和”这个说法，所谓握手言和，在很多情况下并不是无奈的妥协，而是达成了双方都满意的结果，也就是双赢。民谚有云，少个敌手多个朋友，多个朋友多条路走。在漫漫职业生涯中，总会遇到一些站在自己的对立面的人。凡是有心的人，总会抓住任何可能的机会，减少敌手给自己制造障碍的机会。共赢的机遇虽然是双方共享的，但也是非常值得抓住的。

五是要重视上级所给予的机遇。作为一名员工，你是否拥有宝贵的机遇固然和公司的领导有着很大的关系，但最终能不能抓住机遇则取决于你自己。当你在为上级没有给自己机遇而抱怨的时候，不妨多想想：什么样的机遇才是最适合我的？我是否为这样的机遇做了充分的准备？我能够得到这样的机遇吗？争取到那些不适合自己的机遇，可能会让自己无力应付，而错过适合自己的机遇却被错过，则只能说是更大的遗憾了。那些没有真才实学又性情懒惰的人，往往将机遇看做天上掉下的馅饼，只是空等着机遇的来临。他们根本不具备抓住机遇的能力，所以机遇即使真的从天而降，对他们来说也不过是看上去很美，做起来无奈。

最后，桑布恩先生要送给大家一句话：机遇是偏心的，它只偏爱那些心理上有准备、理念上懂珍惜的人。

第四章　不断创新，为工作保鲜

用头脑工作

方法是解决问题的根本，而创新的方法是解决他人无法解决的问题的根本方法。只有解决其他人所不能解决的问题，创造其他人所不能创造的价值，你的工作才是无法取代的。所以，我们不仅要用心工作，还要用“新”工作，充分开动自己的脑筋，用思维的火花点亮职场。创新的前提是思考，现代心理学研究表明，在困难面前，积极想办法的态度能够激发人们潜在的智慧。真正善于创新的人，从来不相信“无路可走”的说法。他们在遇到全新的问题时，往往能够充分发挥自己的主观能动性，动脑筋、想办法，自己为自己开路，而那些觉得“无路可走”的人，往往是不肯下工夫寻找出路的人。

在纽约一家著名的会计师事务所，所有管理人员的桌子上都摆着一块金属板，上面写着“Think”。而“Think”这一座右铭的来历，早已在华尔街传为佳话。

那是阴沉的一天，事务所的总裁一大早就召开了审计会议，会议一直进行到下午，但气氛非常沉闷，没有人说话，与会者也显得焦躁不安。就在这个时候，那位总裁突然站起来，在黑板上写了一个大大的“Think”，然后对大家说：“我们缺少的，是对一个问题进行充分思考的能力。要记住，在座的各位都应该靠思考来赚得薪水，而不是简单

的抄写、核对和计算。”此后，“Think”便成为该事务所的座右铭，用于激励那些在困难面前一筹莫展的员工。

回顾一下自己的工作历程，看看你是否常常这样说：“确实是没有办法！”“真的一点办法也没有！”这样回答顾客、同事或者上司，在将责任推得一干二净的同时，你也让对方感到了深深的失望。与此同时，你也成功地将自己的很多创新扼杀在摇篮之中，狠狠地关上了发掘个人潜力的大门。困难当前，难道就真的没有一点办法吗？美国人罗伯特的回答是“NO”！

一开始，罗伯特想用80美元周游世界，他的朋友们都笑他痴心妄想。然而，倔强的罗伯特将所有的冷嘲热讽抛诸脑后，他经过仔细思考，将80美元环游世界前要做的各种事情列在了纸上：设法领到能够上船当海员的资格认证；考取一个国际驾驶执照，购入一辆性能极佳的越野车和一台全球卫星定位系统；游说一家大型化肥公司赞助自己，条件是为其提供所经国家的土壤样品；游说一家胶卷公司赞助自己，归来后将所拍的照片用于公司宣传……

当纸上所列的事情都完成了以后，罗伯特就在口袋里装了80美元，兴致勃勃地开始了自己的旅程，最终实现了自己的梦想。他将自己的旅途经历写在了旅行记事本上：

在加拿大巴芬岛的一个小镇上用餐，餐馆对罗伯特分文不收，但罗伯特答应为这家餐馆拍照，并承诺在旅行中进行宣传。

在爱尔兰，罗伯特花5美元买了4箱可口可乐。后来他从巴黎到维也纳的车费就是送司机一箱可乐。

从维也纳到伯尔尼的途中，由于罗伯特所搭乘的货车的司机在半路上生病了，已经拥有国际驾驶执照的罗伯特驾车将司机送到了医院，并将货物安全准时地运到目的地。货运公司非常感谢他，专门派车免费将他送到伯尔尼。

在西班牙一家新开张的公司门口，该公司用来拍摄庆典的照相机出了故障，于是罗伯特免费为他们拍摄了照片，得到一张飞往意大利的机票作为酬谢。

在泰国，由于提供了一份美国人旅游习惯的资料，罗伯特在当地一家高档宾馆享受了一次免费的泰式按摩。

……

罗伯特用自己的亲身经历告诉我们，不要总抱怨自己不够聪明、无计可施。当我们觉得事情几乎没有办法完成的时候，不妨问一下自己：我是否真的开动了脑筋？我从全新的角度去思考过这个问题吗？

对于那些用传统方法不能解决的问题，我们就应该大胆地另辟蹊径。只有大胆思考，勇于创新，才能使工作有质的飞跃。

试想一下，在解决“怎样才能更快地收割粮食”的问题时，如果我们仅限于传统的思路——安排更多的人手，将镰刀磨得更快，而不是试着从另一个角度去开创一个截然不同的方法，那么联合收割机就永远不会被发明出来。

再来看看世界上第一台室外观光电梯是如何产生的：在加州圣地亚哥市的科特大饭店，原先配套设计的电梯过于狭小老旧，已经无法适应越来越大的客流。于是，饭店老板决定改建原有的电梯以适应经营的需要。他花重金请来全国一流的建筑师和工程师，一起商讨怎样完成改建工程。

专家团的成员经验都很丰富，他们经过仔细讨论，得出的结论就是：饭店必须换一台大电梯。而为了装好这台新电梯，饭店必须停止营业半年。要知道，停止营业半年，将给饭店带来极大的经济损失。

就在饭店老板和工程师们争论得不可开交的时候，正在附近刷墙的一个装修工听到了他所讨论的问题。于是这位装修工人提着空桶走向前去，对忧心忡忡的老板和两位专家说："如果是我，我会直接将电梯装在屋子外面。"

就这样，世界上第一台室外观光电梯应运而生，装修工人也因此深得老板赏识，进入了饭店管理层的智囊团。

一个雇主可能用一台机械取代3个强壮的劳力，可能在一个岗位上聘用3个人来取代加班狂，却永远不可能放弃蕴涵着源源不断灵感的脑袋。用"新"工作，你便能在工作中成为不可替代的人。

不拘一格记录工作灵感

要想创新，就必须学会捕捉思维的火花，记录工作的灵感。首先来检视一下，在实际的工作中，我们是不是常常有这样的苦恼：

对一个问题或主题进行思考的时候，由于没有及时地记录下某个相关的想法，过后就再也想不起来了。

常常对思考某个问题的时候所产生的发散想法不予理睬，结果白白浪费了灵感，失掉了扩展或深入的机会。

对一些暂时无用或是用处不大的点子不能及时记录，等到想用的时候又追悔莫及。

点子太多，但未能进行很好的梳理，导致要用的时候又觉得思路阻塞。

如果你对这些问题深有同感，不妨在平时的工作中有意识地训练自己的思维方式，改变被动思考、等待灵感的习惯。要知道，虽然思维的火花是在偶然间擦出的，但记录工作的灵感应该通过天长日久的训练成为一种有章可循的习惯。说到记录灵感的方式方法，著名创意专家约翰·亨伯特提出的以下三种方法是十分值得借鉴的。

第一，随时记录。要想准确及时地捕捉灵感，完整全面地记录灵感，最简便易行的方法就是随身携带专用笔记本。在与别人交谈、争论的过程中，在自己读书或钻研某个问题的时候，在路途中欣赏风景的一瞬间，或是在看电视、听广播或参加会议听到某句话时，甚至在梦里，你都可能与灵感不期而遇。无论在什么情况下，都应该尽力做到随时记录。

当条件允许时，我们可以进行详细的记录，还可以由此及彼地展开思考，或直接写成短文；当条件不允许时，我们也要简明扼要地记录在案，以便日后进行回顾和整理。

畅销小说家斯蒂芬·金在睡觉前喜欢将纸笔放在枕边，足见他摸透了灵感的脾性。而科技的日新月异，则为我们提供了诸如iPad等先进的工具，它们为我们记录灵感带来了诸多便利。随时随地记录灵感不仅能够丰富思路、训练思维能力，还能不断强化自己主动积极思考问题的意识，对每一个职场中人都大有裨益。

第二，间接记录法。一些特殊情况下的灵光闪现，我们又该如何应对呢？没有纸笔，正在游泳，公交车已到站，或是正面对上百听众发表演讲，等等，产生了灵感又不能停下手中的工作将其即刻记录的情况不一而足。这个时候，我们就要尽可能借用其他手段在脑海里形成鲜明的印象，过后再用文字整理出来，这就是所谓的间接记录法。大物理学家安培就曾穷追不舍地在一辆行驶着的马车门板上演算习题。虽然不是每一个人都能把马车门当做小黑板，但我们可以将灵感与以往熟悉的事物相联系，可以用巧克力棒在香烟盒上做笔记，还可以用砖块、石块写在墙上。

应用间接记录法的关键，是要尽快对间接记录的内容进行整理和运用，否则未成形的灵感同样会随着时间的流逝而逐渐消失。

第三，灵感复述法。当脑海中闪过灵感时，就力争与他人，特别是与这个灵感密切相关的人进行交流。运用灵感复述法，能够不断强化、修改自己最初的灵感，使零散的灵感发展为具有更大实际价值的精神产品和系统认识，最终转化为实际的工作成果。从另一个方面来看，灵感还能够在反复交流中与他人的思维撞击，从而产生新的火花。

光记录灵感是远远不够的，灵感的整理加工才是最为关键的一环。消化灵感的方法总是仁者见仁，智者见智。而约翰·亨伯特博士同样提出了一些可供参考的小窍门。使用这些小窍门的前提是，我们应该恰当地借助于个人电脑和其他便捷的移动终端。

标签分类。为你的灵感建立一个档案馆。根据灵感的不同内容、用途和成熟程度，将它们放在电脑上不同的文件夹中，并贴上不同的标签。

直接成文。对于较为集中、成熟的灵感，我们可以直接将它们写成一篇论文或产品报告。

综合运用。我们可以一边整理灵感，一边将灵感付诸实践。例如将灵感运用于自己正在进行的设计或产品加工上。

工作灵感的产生，来源于敬业的态度和工作经验的积累。只有在不辞劳苦、孜孜不倦地追求事业卓越的“弗雷德”那里，工作灵感才会被持续不断地加工和消化，最终为努力工作提供源源不断的动力。

敢于冒险，让收获和快乐加倍

让我们先来玩一个游戏：

4人玩弗吉尼亚扑克（弗吉尼亚扑克类似于我国的争上游，3张或4张相同的牌都不能带出其他花色的牌，也没有姊妹对，要4张相同的牌才能凑成炸弹），去掉大小王，每人13张牌。

如果你起手以后的牌是5666678999QKK，并且由你第一个出牌，你会先打什么牌?

先出99的人，你在工作中是谨慎的计划者。你总是习惯性地退后一步，但绝不会放弃机会。你总是静静地等待着别人将底牌出完，然后再看菜吃饭，做出最好的决断。在工作中，你属于不鸣则已，一鸣惊人的实力派。

先出5的人，你是一位稳妥的保守工作者，你喜欢按照最稳妥的方式去处理各种事情，不求有功但求无过。你相信只要把本职工作做好，好运自会降临。一般而言，你会静静地等待领导的赏识和提升，不到迫不得已，换工作对你来说是相当遥远的事情。

先出7的人，你是自信的冒险家。你精于筹划全局，一旦定下目标就不会更改，虽然你的计划常常有些冒险，但你对自己充满信心。你的工作常会出现变动波折，但你总能凭借实力和运气涉险过关。

先出56789的人，你是精于算计者。你所做的一切看似有勇无谋，连可以逆转的底牌都悄然放过，殊不知，一切早就在你的计划之中。别人羡慕你的轻易成功，却不知道为了这举重若轻的一刻，你早已算无遗策。除非出现极端的情况，否则，你的工作可以说是滴水不漏。

先出666的人，你可能是过分冲动者。你会凭一时之勇承担下一些可能力所不能及的事情，寄希望于好运可以降临在自己头上。实际上，你的冲动往往会坏事，甚至浪费掉一些本可把握的机会。无论如何，在做事之前先想想“三思而后行”的劝诫，对你会很有好处。

先出999的人，你是机会等待者。在工作中有很多本可以做好的事情，你却总是把主动权交给别人，坐等对手失败，然后你再从中得到机会。虽然很难评价这种做法是好是坏，但也不失为一种特别的策略。

纵观这个游戏，选5的人显然稳重有余，勇气不足，他们所拥有的态度并不是最佳工作态度。选择56789的人是不是就做到百分之百完美了呢？在一些特殊情况下，他们同样有可能失算，甚至摔得粉身碎骨。对于工作中稳妥和风险之间的辩证关系，肯尼迪的看法不无道理：“采取行动隐含着风险与代价，但从长远来看，怠惰不前的风险和代价则远远超过了前者。”康德则说：“人的心中有一种追求无限和永恒的倾向，这种倾向在理性中最直观的表现就是冒险，冒险是通往成功的必经之路。”

那些不喜欢冒险的人，往往也得不到如自己所愿的绝对安全。就拿销售工作来说，如果沃尔玛的员工和管理者不追求营业额，不冒险寻求新的营销手段，那只能永远停步不前，被它的众多竞争对手迎头赶上，最终惨遭淘汰。

温室里的草木是永远长不成参天大树的。同样，如果一个人不愿意在工作中冒险的话，那么他注定一生平庸。要克服前进道路上的障碍并使之产生积极的改变，最保险的方法就是理智地冒险。诚然，冒险会使我们失去原有的安稳，就好比在悬崖边蹦极，而深渊中没有任何安全防护措施。毫无疑问，你会感到自己原来所站的地方更为安全。如果你因此选择安稳而放弃尝试一些新鲜的东西，你将失去生活中很多激动人心的感受。冒险过程中的理智，正是蹦极时拴在脚踝处的绳子。只要保有理智，绳子不断，你终将安全着陆，而你所得到的那些比普通人丰富得多的经历只能让对手瞠目结舌、甘拜下风。

事实上，我们每天都在冒险。几乎可以这么说，冒险是人类行为的常规，而不是非常罕有的例外。我们所做的每一件事，无论是开车送孩子上学还是乘坐写字楼的电梯都会有一定的风险。每天早上，一旦你睁开眼睛，便总有一些无法预料的事情发生。什么人能够完全避免变故？答案只有一个，那就是死人。所以，既然我们还活着，不如以攻为守，主动地、有计划地采取行动，在充分估计冒险指数后展开自己的冒险体验。我们可以看到，当蹦极者迎风飞翔的时候，那种快乐是无以言表的；同样，当你的工作取得前所未有的卓越成就时，你的幸福感和成就感就会瞬间加倍。

“例行公事”也能孕育创新

我们都希望在工作中有所创新，然而，从事绘画、音乐、文学和电影等创造性工作的人毕竟只是少数，绝大多数的人日复一日地从事的还是流程相对固定、发挥空间较小的工作。很多时候，工作中并不会发生惊天动地的大事，我们处理的更多的是一些重复且琐碎的日常事务。

然而，只要有心，我们在按部就班地完成日常工作的时候同样可以有所创新。

冰激凌是日常生活中常见的、广受欢迎的一种食品。关于冰激凌，我们有两个非常令人吃惊的创新事例要与大家分享。

谁发明了火焰冰激凌？所谓火焰冰激凌，就是将少许食用酒精浇在冰激凌上，端至客人餐桌上之后将其点燃，制造出火焰与冰山强烈对比的效果。这个创意来自一位名叫Kilo的纽约冰激凌师。1935年的一天，他无意间将调制鸡尾酒用的烈酒洒到了果仁冰激凌上，又在划火柴点酒精炉时阴差阳错地将冰激凌上的烈酒一并点燃。火焰在片刻之后便熄灭了，冰激凌并没有融化，其上的果仁经过烘烤之后反而更加松脆可口，极具新意的火焰冰激凌便在这再平常不过的失误中诞生了。

香草冰激凌是汽车的克星？有一天美国通用汽车公司的土星部门收到了一封客户的抱怨信。像公司收到的其他很多抱怨信那样，这封抱怨信写得没有什么特别之处，所叙述的经过也像是在无理取闹：

“这是我为了同一件事情第二次给贵公司写信，我不会怪你们为什么不回信给我，因为我也知道别人一定会觉得我彻底疯了，但我不得不再次阐明这样一个事实。

“我们家有一个维持多年的习惯，就是每天吃完晚餐之后都会用某种冰激凌来当做饭后甜点。由于市面上的冰激凌口味众多，所以我们家会在每天饭后投票决定要吃哪一种口味，等大家决定之后，我就会开车去买。问题是，自从我新近买了一辆土星‘火鸟’汽车之后，我开车去买冰激凌的时候就出现了问题。

“说出来你们可能不信，当我买的冰激凌是香草口味时，我从店里出来之后车子就发不动；如果我买的冰激凌是其他口味，那么车子发动就相当顺利。我想让你们知道，我是非常认真地在讲述这件事情，尽管这个问题听起来相当不可理喻。为什么我买了香草冰激凌我的‘土星’

就会罢工，而买其他口味的冰激凌它就生龙活虎？这到底是为什么？难道这款汽车讨厌香草冰激凌？”

刚读完这封信的时候，土星部门的总经理还真觉得哭笑不得。思虑再三之后，他还是决定派一位工程师去一探究竟。这名工程师立即探访了写信反映问题的客户，很惊讶地发现对方是一位乐观、受过高等教育并且事业有成的人。会面时间安排在晚餐后，两人一见面就跳上那辆“脾气古怪”的土星汽车，直奔冰激凌店，那天晚上投票的结果是要买香草口味的冰激凌，当两人买好冰激凌准备发动汽车的时候，汽车又出现了故障。谨慎的工程师又和客户一起试验了3个晚上，第一晚买巧克力冰激凌，车子没事；第二晚换草莓口味的，车子也发动得很顺利；第三晚回到香草口味，结果汽车又出现了问题。

这位理性的工程师当然不相信汽车会对香草过敏，他决定花更多时间去研究汽车的整个使用过程，他开始记下种种详细资料，比如时间、车子用的汽油种类、车子开出及返回的时间……通过精心的整理，他终于有了发现：客户买香草冰激凌所花的时间比买其他口味的冰激凌所花的时间少。

香草冰激凌是所有口味的冰激凌中最为畅销的，因此店家将这种冰激凌单独陈列在专用的冰柜里，并将冰柜放置在靠近收银台的地方，顾客只需等待半分钟就能拿到；而其他口味的冰激凌则放在离收银台较远的地方，顾客不得不等待更长的时间。敏锐的工程师立即从中察觉出是汽车引擎的问题：买其他口味的冰激凌，引擎有足够的时间散热，所以汽车能够顺利发动；买香草口味的冰激凌，由于花的时间较短，引擎太热，“蒸汽锁”没有足够的散热时间，就会导致汽车难以发动。

无论是火焰冰激凌的发明，还是由“冰激凌事件”排查汽车的故障原因，实际上都是一种创新。这样的创新确确实实来自“例行公事”的日常工作，它们都孕育于那些稀松平常、零散琐碎，甚至有些荒诞不经的细节之中。这就告诉我们，并不是非要在有创意的职位上才能产生惊天动地的创新成果。如果你是一位邮差，你可以试着像弗雷德一样延伸自己的服务；如果你是一名厨师，你可以尝试创造让顾客会心一笑的拼盘……无论你是谁，身在什么岗位，态度和心意才是决定能否创新的根本。

个性魅力：做一个职场明星

每个人都可以在工作中修炼出自己的个性魅力。很多人在了解到自己性格的优势和劣势之后，都会遇到一个问题：我究竟能不能改变自己。要发挥个性魅力，其实最关键的问题并不在于改变，而在于控制和调整自己的个性，让自己的个性与职业和工作环境相互协调、共同发展。

像阳光一样，人的性格也包含着很多颜色。我们没有必要去消磨和改变自己的性格本色，却可以像女人穿衣服一样灵活变通、扬长避短，以彰显出自己最独特、最耀眼的光芒。

我们常常把天性中的单纯、快乐、热情称为红色性格。对于性格偏向红色的人来说，在职场中请牢记这二十个字：多一点沉默，少一点聒噪，多一分思考，少一分冲动。有句话说得很好，“雄辩是银，沉默是金”，沉默也是一种语言，而且这种语言往往更能体现出聪敏与默契。学会用沉默表达自己的思想，学会以静制动，也许可以让你更好地走入他人的内心。红色性格的人在年少时往往会觉得肤浅一点比较快乐，不太愿意承担和面对工作中相对深刻而复杂的东西。当他们发现从深刻的探索中能够得到更大的快乐时，他们便成熟了。

天性中追求完美、关注细节和严格自律的部分，常常被我们称为蓝色性格。印第安人常说的一句话送给性格偏向蓝色的人是再合适不过了，那就是：常想一二，不思八九。世界上没有绝对完美的人，对完美的过分追求常常会束缚自己。古代中国人就已经知道“水至清则无鱼”的道理，可是直到今天，有些人还总是对自己和他人求全责备。优秀人士的成功，确实需要具备一些美德，譬如超人的毅力和勤奋，适度的促成自己进步的苛刻。但是，过度的苛刻无论如何都不是一种美德。蓝色性格的人在年轻时常常为了完美对很多的细节斤斤计较，对其他人也有着近乎无礼的苛刻要求。当他们发现能够海纳百川、包容不完美的完美才是真正的完美时，他们也就成熟了。

人类天性中对金钱、名利、欲望的追逐，造就了所谓的黄色性格。需要记住的是，人作为个体，在不同的时刻有着完全不同的需求，工作和创造只是众多需求中的一个部分，不能让它们成为我们内心深处唯一的愿望。在对优秀的渴求中，在名利的召唤下，黄色性格的人不惧单调而长时间地劳作。这种劳作会让工作之外的很多乐趣得不到灌溉而黯然失色。要知道，幸福来源于简单的生活，成功、财富只是纷繁的表象。只有做到生活简单，内心丰富，我们才能彻底享受生活，从而为日出日落、草长莺飞而欣喜不已。只有向自己喜爱的人敞开心扉，大方地置身于朋友、家人之中，我们才能聆听到生活的本质。黄色性格的人在年轻时会为了目标而蛮干，一旦目标没有实现将使他们愤怒至极；当他们发现可以用更灵活、更迂回的方法达到自己的目标时，他们便成熟了。

人类天性中的沉默、懦弱、中庸和保守共同构成了踏实稳重而略显沉闷的绿色性格。“沉默必须有度，谦让不能过火，要相信自己”，这句话送给性格偏向绿色的人是再合适不过了。无条件、无原则地原谅别人，遇事三缄其口并不是美德，而是一种懦弱。相信自己，相信自己内心深处的坚持，该自己主宰的事情就必须自己主宰。蕴藏在你身上的力量是无穷的，如果不去大胆尝试，别人也不知道你到底能够胜任什么样的工作。另外，绿色性格的人要学会讲出自己的意见和想法，而不要怕被误解。性格偏向绿色的人在年轻时总是本能地避让冲突，期望通过自己的容忍换来大家的和谐。当他们发现只有直面冲突才能创造真正的和谐的时候，他们便成熟了。

缤纷的个性便是由这四种基本色混合而成的。我们只有认真地调和与改进，才能用最好的色调去面对自己的客户、老板和同事，做一个真正的职场明星。

第五章　提供增值服务，做客户的贴心人

服务不只是一种责任，也是一个机会

工作的成败很大程度上是由一个人的心态所决定的。前面讲到绝大多数人的工作是在为他人提供相应的服务，因此心态的不同也就决定了服务质量的差异。

对于疲于应付的人来说，服务他人只是一种不得不履行的责任，他做起事来就会马马虎虎，稍微遇到一点困难便会打退堂鼓。想要这种人始终如一地高质量完成工作是不可能的，更不要说做出什么创造性的业绩了。我们如果不能全身心地投入自己的工作中，就难以得到成长和发展的机会，永远只能是平庸之辈。

与之相反，如果将工作视为一个难得的机会，那么我们将拥有不断前进的勇气和火焰般的激情。这种勇气和精神将不断激励我们向前奋进，克服现实中所遇到的重重困难和阻碍。当我们满怀激情地工作，并努力使老板、同事和客户对我们的服务感到满意时，我们所获得的自然会越来越多。更何况工作对人的最大奖励并不是财富的积累和地位的提升，而是一种由成就所带来的精神上的满足。

在布鲁塞尔的推销员中流传着这样一个故事：两个欧洲人去撒哈拉沙漠地区推销雨伞。由于当地气候干燥，极少下雨，因此居民向来都不用雨伞。这时，第一个推销员立刻变得失望起来，“这里几乎不下雨，

怎么会用得着我所要推销的雨伞呢”？于是他放弃努力，失败而归。另一个推销员却惊喜万分，“虽然这里不下雨，但阳光非常强烈，何不将雨伞当做遮阳伞来贩售呢”？于是他想方设法引导当地居民购买自己的伞，最终把雨伞全部卖出。

一些全球顶级企业对职业经理人除了有严格的学历要求和实习经验要求之外，还规定他们必须“做过志愿者工作”。这样的服务经验，往往能为他们提供一个走出狭隘世界、增强社会责任感的机会。在这个世界上，人与人之间真正的差别不是来自智力的高低，而是来自机会的多寡。无论在什么时候，处于什么样的环境，我们能为他人提供服务便是一个机会，一个让自己的才能、智慧得到淋漓尽致发挥的舞台。在这个舞台上，只要我们足够出色，便能够脱颖而出。

科学巨人法拉第在进入英国皇家学院之前，介绍人戴维爵士曾和他进行过一次令人印象深刻的谈话。

“年轻人，可能因为你没到实验室干过，所以才愿意到这里来。这里的环境很艰苦，还需要你付出大量的劳动，最终得到的还只是微薄的物质报酬。”

对于戴维爵士的实情相告，法拉第却十分坚定地回答说：“只要能为实验室服务，这本身就是一个机会。”

在这次谈话之后，法拉第终于成为戴维的助手。正是实验室所提供的学习机会，使法拉第日后成为著名的化学家和物理学家。从这个意义上讲，提供服务确实是一种机会，能够“有机会去做”，这本身就是一种学习。如果能将向他人提供服务视为一个难得的契机，那么即使是最平凡的工作也能让我们成为最卓越的大师；如果用冷淡的态度去敷衍工作、敷衍他人，那么哪怕从事的是最高尚的职业，我们也不过是个平庸的工匠而已。

态度决定服务质量

桑布恩先生将驾驭职场的三张通行证归纳为态度、技能和习惯，而笑傲职场的三把利剑则是信心、毅力和思考。

也许有人会说，自己的工作是日复一日枯燥机械的重复，每天都在做着同样的事，偶尔心生厌烦、态度稍差也是应该被理解的。但是，对于那些追求卓越的人来说，坚持并不是毫无意义的重复，而是在看似简单的工作中获得进步、体会喜悦。

泛美航空公司总裁曾经这样鼓励自己公司的空乘人员：简单的事重复做，就能做成不简单的事。

泰国悦榕庄酒店的服务可谓细致入微。酒店规定，在客人入住的当晚，服务生必须熟记所有人的姓名。当客人初次在酒店范围内活动时，服务生将根据自己的观察记录客人的习惯。当客人第二次在酒店活动时，电脑会自动显示以往的入住记录，包括用餐位置和所点的菜单。

如果你去过东方酒店，就会发现酒店餐厅的所有服务生在回答问题的时候都会后退两步，为的是防止唾沫溅到客人身上或食物上。当顾客很久没有光临东方酒店时，酒店会在顾客生日的时候寄上当天在酒店庭院中拍的风景照。

在当今社会，各行各业都需要有强烈服务意识的员工。就算你是个每天坐在计算机前编写程序的程序员，你的工作也是在为应用这些程序的客户所服务。如果你不能设身处地为客户着想，千方百计为客户解决问题，那么最直接的后果就是你将无法提供高质量的、具有竞争力的服务，从而影响到企业的利润和个人的前途。

归根结底，服务质量取决于态度。在塔希提岛的希尔顿酒店，希尔顿在一次会议中对大家说："现在我们酒店新添了第一流设备，你们觉得还应该配备一些什么第一流的东西，才能使顾客更喜欢我们这家酒店呢？"员工的回答五花八门，但希尔顿都不满意，他笑着摇摇头："你们想想，如果酒店只有第一流的设备，而没有第一流服务员的微笑，顾客会认为我们的服务尽善尽美吗？如果缺少服务人员的微笑，好比夏威夷的花园失去了阳光与海风。假如我是顾客，我宁愿住进只有破旧的地毯，却能处处见到微笑的地方，而不愿意走进只有一流设备却见不到微笑的地方。"希尔顿的这番话，旨在说明微笑对于服务行业的重要性，也证明了决定服务质量的根本是人的态度。

在现代社会，服务是一个企业赢得竞争的重要工具。服务态度的好坏，直接反映了企业服务人员的素质和企业的形象。沃尔玛之所以能从一个小镇的普通商店发展成为全球最大的商业连锁集团，它成功的秘诀便是：第一，同样一件商品至少会比其他店便宜5%；第二，"十步服务"原则和"八颗牙微笑"原则。作为沃尔玛的营业员，不管你手上正忙着上货还是做别的什么，当顾客离你只有十步之遥的时候，你都必须面带微笑，主动跟对方打招呼，并和颜悦色地说："有什么需要我为您效劳的吗？"沃尔玛对员工的微笑都做出了十分严格的要求，要求员工露出6～8颗牙齿。如果只露出4颗，会给人一种皮笑肉不笑的感觉；倘若露出十几颗，又像是龇牙咧嘴。

沃尔玛对员工近乎苛刻的要求，其实最重要的不是让每个人都笑得好看，而是因为微笑代表着一种工作态度。只有用心工作，才会流露出会心的微笑，从而为同事、上司、客户带来好的合作或服务体验，最终使服务质量得到切实的提高。

用真诚和热情赢得客户的心

留意一下我们周围的世界，客户与工作人员的纷争几乎每分每秒都在发生。加油站员工加错汽油标号，快餐店的送餐员送错套餐品种等，不一而足。这些失误所引起的纷争往往导致双方都大为恼火，而提供服务的一方都有着自己看似合理的借口。

“我太年轻了，所以我无法控制好自己的情绪。”

“我是女人，我无法承受客户严厉的投诉。”

“我学历太高，思想性太强，本身就与服务工作格格不入。”

这些问题的出现，往往是因为很多职场人士的内心都死守着这样一个原则，那就是“自我利益高于一切”。在这一原则的指导下，为了让自己的利益最大化，他们不仅缺乏设身处地为客户着想的职业精神，还极有可能牺牲客户的利益来换取自己的利益。在很多毫无利益却麻烦一堆的事情面前，他们当然会找出各种借口，将肩上的责任推卸得一干二净。

贪图一时之快和眼前利益总是很容易的事情。然而，争执并不能解决已经出现的问题，而借口也不会给我们带来成功。因此，在工作当中，我们应该抱着和客户建立长久关系的愿望，将客户的问题当做自己的问题来解决，真正设身处地地为客户着想，最终赢得他们的心。事实证明，这种建立在坦诚和信任基础上的关系往往更稳定，双方的合作也能更长久。

高登先生是马里兰州地区银行的一位部门经理，专门负责银行的讨债事务。通过朋友的引见，他认识了一名非常有个性的年轻人理查德——25岁的专业讨债公司经理。

最初见到理查德的时候，见多识广的高登先生并没有太把面前这位稚气未脱的年轻人放在眼里，问道："现在与我们合作的讨债公司实在是太多了，每一家公司都在我面前竭力推销自己，都宣称自己的服务是最好的。请问，贵公司有什么特别之处吗？"

理查德想了想，说："目前几乎所有的讨债公司都是从追回的欠款中抽取佣金，佣金的比例甚至可以高达30%，这对银行来说是相当大的一笔费用。而我们公司不采取这种办法，我们对每一单业务只收取固定的费用，而且这笔费用也不高。"

高登摇了摇头，对这个条件并不感兴趣，但是看在朋友热心介绍的分上，他还是与理查德闲聊了一会儿。

在闲谈的过程中，理查德仍然保持极高的热情。他巧妙地探听到该

银行的讨债业务只有10%由讨债公司来处理，而另外90%都由银行下属的讨债部门完成，于是话锋一转，不再将自己的讨债公司与其他讨债公司作比较，而是非常诚恳地说如果让讨债公司来处理债务，将比用银行自己的讨债部门处理债务节约更多的费用。

得知高登所在的银行正面临开源节流的要务，理查德又热心体贴地建议道："你们一到追债业务的旺季就要多雇佣20%的员工，在淡季又要将他们一一解雇。一开始，你们负责培训他们，好不容易培训完了，用了几个月之后又要将他们解雇，这之中的每一个环节都要花费大量的精力和费用，实在是很不划算。例如，我们想吃面包，没有必要亲自去种小麦，贵行也实在没有必要事必躬亲，与我们合作，试试'资源外购'的办法，不仅能开源节流，而且能取得更好的效果。"

这个贴心而诚恳的建议让高登非常高兴，一挥手便给了理查德一笔价值300万美元的大订单。通过这次成功的"闲聊"，理查德也学到了宝贵的经验：哪怕工作陷入僵局，我们也不该冷却自己的热情；哪怕是争夺利益的商战，我们也不应失掉真心为对方着想的诚意。

关注自己能给予什么，而不是得到什么

为什么我们对奉献的关注应该多过获得？要明白这一点，我们必须先明白可雇用性的概念。可雇用性指的是，无论你身在哪个国家，从事何种行业，受雇于什么样的雇主，都能获得欣赏和需要的一种技能。什么样的人才是具有可雇用性的人呢？拥有学历、智商、情商、判断能力和解决问题的能力。能够增强可雇用性的技能固然有很多种，但是桑布

恩先生始终相信其中最重要的一条就是：不依赖于支出的增加，为客户和同事创造价值的能力。而那种对于创造价值的追求，正是对奉献精神的最好诠释。

桑布恩先生喜欢在自己的演说中讲述一个故事，故事说的是一个年纪很大的建筑师即将退休，他告诉老板自己想离开建筑业，跟妻儿享受一下轻松自在的生活。老板实在有点舍不得这位非常优秀的建筑师就此离开，所以希望他能在离开之前再建一栋具有个人风格的房子。建筑师虽然十分爽快地答应了老板的要求，不过这一次他没有十分用心。他草草地用劣质的材料将房子三下五除二地建好了。房子落成的时候，老板亲临现场，顺便也检查了一下房子的质量，然后把大门的钥匙交给这个建筑师，“这就是你的房子了，算是我送给你的退休礼物吧”！　建筑师在深感惊讶的同时也十分愧疚。要是事先知道这房子将属于自己，他一定会用最好的建材、最精湛的技艺来将它建好。然而，现在一切都已经晚了，他为自己建造了一栋质量欠佳的房子，也给自己带来了无法弥补的遗憾。建筑师只是一味地应付，希望早早交差，而不是想着怎样把房子建好。这样只考虑自己不考虑别人，最后吃亏的还是自己。

人生在世，每个人总是想获得更多的东西：名声、地位、金钱……却常常忘记一条真理：没有什么东西是可以不劳而获的，任何东西都需要通过自己的付出去换取。有所得就有所失，成功也是如此，你只有先付出自己的劳动，才能从别人那里得到属于你的回报。作为一名员工，我们要经常这样问自己：“在自己的岗位上，我能给予些什么？我创造的价值是否对得起自己的薪水？”而不是经常问：“公司应该付我多少薪水？我能从公司得到些什么？”

很多初入职场的人常常会进入这样一个误区，那就是总对公司的待遇不满足，觉得公司对不起自己，认为自己应该拿更高的薪水。其实，当你对公司有价值时，你的价值才会被认可。一个对公司没有任何价值的员工，无疑是一个累赘，他只会浪费公司的钱财，阻碍公司的发展，甚至在某些时候给公司带来不必要的麻烦。

那些能够时刻想着给予公司更多价值的人，对工作极为负责的人，他会在工作中时刻提醒自己做到最好，想尽一切办法挖掘自己的潜力创造价值，为公司带来更大的效益。在这个过程中，他的能力得到了提升，也在无形中为自己增加了成功的砝码。相反，那些不懂得给予公司更多价值的人，在工作中总是懒懒散散，敷衍塞责，他们对工作丧失了进取心，自身的潜能也就不能够得到充分发挥，其自我价值根本无法实现，更别说获得能力的提升和成功的可能了。

努力为公司创造价值就是自我价值的表现。假若一个人在工作中关注的重点只是自己的利益，他就会在工作中迷失自己，找不到人生的目标，最终葬送自己的前程。

用最低的成本创造更大的价值

要提供增值服务，也就是要持续不断地为他人创造价值。缺乏充裕的资金？没有受过必要的培训？没能找到合适的机会？也许我们每个人都抱怨过自己缺少资源，每个人都相信“无中生有”是不可能的。那么还是让我们再想一想弗雷德吧，桑布恩先生说过，他所拥有的全部行头不过是一套蓝色的工作服和一只帆布袋。他每天走街串巷，口袋里装满邮件，而脑子里则充满了想法。仅仅是比大多数邮递员多用心，多一点创造性，弗雷德便为很多顾客创造了额外的价值。

21世纪最重要的职业技能就是在不增加支出的同时为客户创造更大

的价值。金钱可以被想象力替代，也可以被周到贴心的服务所替代。无论如何，我们的目标应该是比竞争对手想得更多，而不是花钱更多。

美国有一家生产洁面乳的公司，凭借优良的产品得到了广大消费者的喜爱。在公司运营的前10年，每年的营业增长率都维持在10%～20%之间，令董事会十分欣慰。然而，当公司的运营进入第11个年头的时候，公司业绩的增长却停滞不前。从第11年开始，董事会连续三年对公司的业绩报表感到十分不满，于是只好召开全国经理级高层会议，制定新的策略。

在会上，有的经理认为应该加大洁面乳的宣传力度，至少投入20万美元作为广告费用；有的经理则认为应该提高销售人员的薪资水平，让产品的销售力度迈上一个新的台阶，不过这一举措每年几乎会让公司支出100万美元。就在大家为花费和效果争论不休的时候，一名年轻的经理站起来说："现在我手中有张纸，而纸上写着一个建议。这个建议本身几乎不花公司一分钱，但需要将计划投入的广告费用的1/4，也就是5万美元付给我！"

公司的总裁有些将信将疑，年轻人又对他说："不必担心，如果你看过纸条之后觉得建议行不通，直接将它扔进垃圾桶就行了，不必付我一分钱。"总裁这才展开纸条，当他看过纸上的建议之后，当即为那位年轻的经理签了一张5万美元的支票。公司所有的管理人员都想知道纸条上究竟写了什么，其实上面只有一句话：将目前洁面乳的开口扩大1毫米。采纳了这个富有想象力的建议之后，每个消费者每天早上都多使用1毫米的洁面乳，该公司的营业额终于在第14个年头增加了32%。

有趣的是，反观我们自己，总有许多人不是为自己的职位忧心忡忡，担心自己成为裁员的目标，就是担心不能将那些额外的奖励收入囊中。对于这一类的忧虑，最明智的做法便是果断停止忧虑，将注意力转移到自己在工作中所能创造的价值上来。

第六章　良好的人际关系为工作加分

读懂客户的心才能让你更成功

在职场，我们不可避免地要接触不同性格的人。无论是做哪方面的工作，管理、教育、销售还是科研，都需要研究人的心理和行为；无论是对自己的老板、同事还是对客户，了解不同外表下的人性共同点都是十分必要的。掌握人性，往往能够促使我们将工作做得更好，而对人性的不够了解，往往会使我们遭遇好心办坏事的状况。

全美闻名的桑德拉培训公司喜欢在培训教材中引用这样令人啼笑皆非的例子：一个正在锻炼身体的老人，因为觉得疲累便将双手放在了自己的汽车上，而他的车正好停放在山崖边。一个路过的年轻人看到这个场景，以为老人是在推车，便走过去帮他把车推下了山崖。

很多人在工作中就像那个冒冒失失的年轻人一样，并不明白自己的同事、上司和客户想要什么，只凭自己所看到的一点表象来揣度对方的实际需求，结果只能是事与愿违。不了解人性，只是一味蛮干，你在职场中便永远只是一个贡献体力的人。

关于人性的坏消息是，虽然很多书籍号称能够帮助你洞察人性，但它们多半是书商的广告词而已。人性是复杂而又多变的，我们无法准确地描述它。要想真正地了解人性，还得在与他人接触的过程中不断发现和总结对方所表现出来的态度和言行。

关于人性的好消息则是，尽管几千年来人类社会经历天翻地覆的变化，但人性中最本质的特征并没有太大的变化。因此，以前人留下的史料、传记和小说为鉴，我们似乎可以找到一条更为乐观的探寻人性之路。

我们对他人的态度取决于我们对他人的认识，而我们对他人的认识，很大程度上又受到第三者的影响——他人的描述加上自己的主观臆测。这个认识往往是不全面的，这就是偏见产生的重要原因之一。另外，人们会以貌取人，会用第一次见到一个人时所收集到的信息来判断这个人，这又有可能使偏见雪上加霜。当你抱着偏见与你的客户相处时，你就很难发现他的“庐山真面目”。因此，在真正接触到客户之前，我们不可先入为主，对客户持有某种看法。

要知道，客户的个性、习惯并不是通过表面能够全面了解的。一个人的行为是外显的，而他的思想却是内隐的，有时候行为和思想之间存在着很大的反差。与人相处，必须先了解人们行为背后思想的秘密。而只有积极与人交往、真心与人交往，才能洞悉真相、结交朋友。

在与人交往的过程中，了解一些表情代表的含义对我们会有很大的帮助。我们了解了他人的表情，就可以掌握对方的心理，了解他人对自己的态度、对事物的看法，进而诱导、确认或控制对方的想法。面部的表情，如笑、皱眉、发怒，能提供更多的信息，由此我们能很明确地了解人们当时的心情、意图。心里的事全在脸上写着，想获取你信任的人会冲你笑，想吓唬你的人会冲你发怒。可见，“阅读”一张脸时，有非常多的信息需要我们去发现。

另外，在本章的后面小节我们还会讲到，学会倾听也是洞悉客户内心的关键。总之，在桑布恩先生看来，观察和倾听是非常重要的。要乐于观察，就要保持欣赏他人的兴趣；而学会倾听，则是为了更好地读懂客户的心。

客户是决定工作好坏的关键，只有读懂客户的心，才能让你更加成功。

真诚地欣赏他人

据好莱坞某著名女星的丈夫回忆，除了拍戏之外，她平时几乎不出家门，在家也完全不做家务。她不会用洗衣机，手机也只会拨号和接听，完全不会发短信。然而，什么都嫌麻烦的这位著名女星，却从来不觉得打桥牌是件麻烦的事情。有记者问这位丈夫："对于这样的妻子，难道你就没有怨言吗？"他却幸福地回答："我觉得她是一位好演员，仅此一点就足够让我永远爱她，其他的事情都不重要。"

我们生活在一个色彩斑斓的世界，内华达沙漠和佛罗里达海滩的景色不尽相同，不同的人也有着不同的个性、气质和人格魅力。在漫漫人生途中，我们会和很多人相遇，真诚地欣赏他人，让他人千差万别的个性带领你去领略这个世界的美好，而不是为他们和自己的截然不同而感到烦恼，这是每个人都需要用一生去学习的课程。

人在职场，难免与各种各样的人打交道。既要接受苛刻上司的吹毛求疵，也要与性格迥异的同事共处；既要与和自己专长不同的同事合作，又要与和自己持有不同价值观的下属相处。社会越发展，社会分工越细化，就越要求我们具有团队精神。这个时候，如果不能对他人产生适度的兴趣，不具备一双欣赏他人的慧眼，没有一颗包容他人的心，我们在职业道路上将会寸步难行。

一个善于欣赏他人的人，不管在什么地方总能很快地建立良好的人脉关系。根据马斯洛需要层级理论，每个人都有被欣赏的心理需求。很多时候，只有对他人慷慨大度，学会赞美别人，我们才能赢得朋友。哲学家杜威指出，"自重是人类天性中最强烈的冲动和欲望"。而詹姆斯也持相同的观点，“在人类天性中，最深层的欲望就是渴望得到别人的重视”。所以，尊重和欣赏别人便成了人类交际行为中的一条重要法则。

无论是欣赏同事的着装，还是欣赏老板的能力和气质，如果我们能够把这种欣赏通过恰当的方式传达给对方，对方就很容易对我们产生好感，从而大大增进彼此的了解、认同和信任。同样，一个善于欣赏他人的人，也非常容易获得来自他人的赞美，这种赞美能使你精神愉悦、充满自信，从而发掘出更多的工作潜能。牛顿第三定律指出力的作用是相互的，而欣赏也同样如此。这里所说的欣赏，并不是流于表面的溜须拍马，而是一种发自内心的情感表达。那么我们应该如何欣赏他人？在这一点上，桑布恩先生给了我们三条很好的建议。

一是乐于欣赏他人的长处。任何人身上都可能拥有值得欣赏的人格特质。玛格丽特·亨格佛曾说：“美存在于观看者的眼中。”她的看法和我们平常所说的“我们在别人身上看到自己所希望看到的东西”不谋而合。每个人都是一个复杂的综合体，在感情、品质和思想上都具有多面性，而我们对他人的想象和期望奠定了他人在我们眼里的形象基调。

相信一个人是优秀的，你就能很轻易地从他身上找到好的人格和品质。这个道理常被用来指导我们对老板的态度。作为公司的管理者，老板会经常批评甚至否定我们的许多做法，这些都会对我们对老板的评价造成负面影响。但是，我们始终应该相信，老板之所以成为我们的老板，一定有许多超越我们的长处，这些都是值得我们欣赏和学习的。

遗憾的是，在职场中，很多人往往喜欢盯着老板的缺点或失误不放，并在同事那里说三道四，这便是不善于欣赏他人的表现。如果不会欣赏他人的长处，桑布恩先生就不可能从邮递员弗雷德的身上发现感动和鼓舞全世界上班族的闪光点，当然也不可能有你在这本书上看到的所有内容。

二是真诚地赞美你真心欣赏的人。人与人之间的沟通需要依靠语言来实现，真心欣赏对方却无法让对方知晓，就像是一场悄无声息的暗恋。保守而效果不良的沟通会让你在工作中错失很多机会。

三要想真诚地赞美别人，还必须越过妒忌的藩篱。人生来就是不完美的，而妒忌更是人类的天性。大多数人都无法面对那些比自己优秀的人，也正是因为这一点，大多数人都在成功的道路上走得跌跌撞撞。要想大方磊落地直面比自己优秀的人，我们必须具备承认自己不足的勇气。承认不足并不是自降身价，而是我们拥有豁达的胸襟和迎头赶上的勇气的表现。

既然是真心地欣赏和赞美，就绝不能有前老板现在老板、前同事现在同事之分。那种见人说人话、见鬼说鬼话的员工走到哪里都不会受到欢迎。一位曾经聘用过数百位员工的管理者向桑布恩先生谈起自己的招聘心得时认为，“面谈时如果你想要快速了解一个人思想是否成熟、心胸是否豁达，最好的办法就是听听他对刚刚离开的那份工作都说了些什么。那些前来应聘的人，如果对前雇主只是一味地抱怨、恶语中伤，那么他们已经自动退出了我的考虑范围”。

最后，请记住一个简单却能让人活得开心、工作得愉快的道理：拥有欣赏他人的兴趣，那么你就有了对生活的热情；拥有欣赏共事伙伴的兴趣，那么你就有了对工作的热情。

学会倾听，学会体谅

在现代社会，有很多口若悬河的演说家和气势逼人的“常有理”。正是在这样的大环境下，倾听和体谅才显得尤为重要。很多初入职场的人都认为，只有“滔滔不绝”才能够显示自己的丰富学识和聪明才干。其实不然，只有在倾听中体会对方的真正用意，才能更深入地了解对方，从而进行更有效的沟通。

在高盛集团的一次员工聚会上，大家都在讨论来年的学习计划。一名进入集团近十年的员工说，她来年的第一门功课就是要学会倾听，不再打断别人说话，先听别人把话说完，再表达自己的想法。其他资历尚浅的同事听了她的计划，都觉得十分意外，对于一个进入职场近十年的资深员工，倾听还是需要学习的功课吗？

这位老员工不慌不忙地说：“请仔细想想，以前召开部门会议的时候，我们抱怨过多少次怎么还不结束？我们虽然没有打断任何一个人的讲话，但是我们真的在用心听吗？我们有没有很好地理解和领会发言人的观点？很多时候，我们在接下来的工作过程中才发现自己没有完全明白对方的意思，又忙不迭地去沟通和解释，白白浪费了不少时间。”

其他员工纷纷表示有同感，这位老员工继续说道：“很多时候，倾听的效果好坏并不是看你一动不动在自己的座位上坐了多长时间，而是看你有没有紧跟他人的陈述，设身处地站在他人的角度去思考问题，同时体谅对方的难处，明了对方的期许。”

听完这番话，很多新员工都有醍醐灌顶之感。在快节奏的工作中，很多人会觉得沟通是一件非常麻烦耗时的事情，不愿接受太多额外的信息，他们行色匆匆、缺乏耐心，倾听和体谅自然成了一种奢侈品。在很长一段时间里，“说”成了被更多人选择的沟通方式。在吵架的时候，我们酣畅淋漓地倾诉自己的不满；在不被理解的时候，我们总是绞尽脑汁为自己辩解；想表达对别人的心意时，我们又喜欢将心意浅显地说出来。殊不知，只有会听的人才会说。

倾听是理解和体谅别人的前提，而理解则是沟通的要义。“听”比“说”更需要耐心和毅力，只有听懂了别人所表达的意思，我们才能更

好地与别人沟通，事情才能得到更圆满的解决。沟通就像是一部电话，听筒和话筒都要畅通才能正常使用。张开嘴巴、堵住耳朵的谈话，不能算是真正的沟通。

多听，不仅是沟通的要求，也是一种自我积累的途径。听别人谈论成功或是失败，听别人谈论欢乐或是苦闷，就是在为自己积累经验。而学会体谅他人的这些感受，则为你与他人之间的合作铺平了道路。

私交：让职场友谊为工作加分

职场友谊是一种很玄妙的关系，它变化无常，往往会因外界的影响很快消失。当一名员工离开一个部门或者职位有所改变，一切又回到他进入这个部门之前的状态，这就是职场友谊最直接的体现。虽然一个共同的环境会产生友谊，并使其持续下去从而使一个人真实地表达自己，但遗憾的是，人们总是在同事面前本能地隐藏真我，因此职场友谊很难深入下去。但职场中也有这样一种情况，那就是当两人在一起工作时，职场友谊只是点头之交，而一旦两人分开，职场友谊又出奇地深入发展起来。这往往是因为他们不用再因为身处同一环境而压抑自己的感情。

正因如此，很多人都有这样一个误区，那便是工作与友谊不能兼得，其实工作中的友谊并不像我们想象的那么脆弱。其实，职场友谊对我们的职业生涯有极其深远的影响。一位工作中的朋友可能会让自己进入公司核心领域，他能为自己的工作表现提供回馈，或者扮演共振板，与自己共进退。这会使你以享受而放松的心情去做每一件事，从而增强自己的创造力和生产力。还有许多人是因为友谊而获得一份新工作的，而公司方面也常常会制定奖赏制度，以激励那些通过私交给公司提供优秀人才的员工。

诚然，我们在对待职场友谊的时候应该小心谨慎，但是如果能把握好以下原则，职场友谊便能给我们的工作加分。

第一条，职场友谊要为工作让位。不要误解，我们并不需要为工作牺牲友谊，而是不要因为职场友谊而破坏工作中应当遵循的原则和规范。无论你和同事交情多么好，都不应该违背组织框架下的规则。试想一下，如果同事临时有事，要你代他完成某项重要的工作，比如现金入库或是档案移交，你会怎么回应？如果你不假思索地答应对方，那么你就触到职场友谊的雷区了。

第二条，允许朋友之间存在良性竞争。只要我们有足够的气度和正确的处理方法，就可以将这种竞争变为使双方共同提高、增进友谊的良性竞争。

第三条，开诚布公是有条件的。你可能常常向工作中要好的朋友谈论自己生活中的私事，问题就来自于此，对方极有可能根据你在生活中的片面信息评价你这个人，再将这种评价传达给工作中的其他伙伴，让别人将你在生活中的习惯与专业态度画上等号，从而产生许多误解。另一方面，随着信息传播的环节越来越多，人们对你的描述有可能逐渐失真，使人对你产生偏见。因此，我们应该谨慎细致地筛选自己可以宣扬的信息类型。若职场友谊会把自己或者朋友置于惹人猜忌甚至损坏名誉的处境，要对朋友明言，有必要的话，应从可能引发利益之争的位置上全身而退，以此将职场友谊进行到底。

第四条，不要落入小团体的狭小格局中。在公司，当你与某些人过分要好时，便很容易被他人贴上标签，这就是所谓的“敌对阵营现象”。一旦你被其他人认为属于某个阵营或集团，便会遭到有意无意的疏离或排斥，这种情况对你在组织中的发展有害无益。

遵循上述原则，与工作伙伴建立深厚的友谊，能够对你的工作产生诸多积极的影响，许多基于实际的研究已经为此提供了多项有力的证据。

全美知名的兰德咨询公司针对友谊与工作满意度之间的关系进行了一项调查，结果发现，那些在工作环境中拥有好友的员工，认为自己有工作热情的比例高达56%；而那些在工作环境中没有好友的员工，回答自己葆有工作热情的比例只占8%；一旦工作伙伴之间建立了亲密的朋友关系，员工满意度将得到大幅度提高。

私交并不局限于同事之间，你同样可以将友谊的触角延伸至你的上司和客户。无论在什么时候，友谊策略都不失为解决问题的一种有效的方法。

开诚布公不可或缺

身在职场，我们随时都面临着坦诚的测验。面对他人的不足，面对工作的危机，是直言不讳还是沉默不语，这确实难以把握。很多人之所以选择用讳莫如深来代替开诚布公，有着各自的缘由：或是害怕自己成为众人评论的对象，或是希望与他人保持良好的关系，或是身陷自保的怪圈。需要指出的是，在选择沉默的同时，你也就放弃了坦诚。这种稳妥的做法或许能够明哲保身，却往往使你错过获得晋升和奖励的机会，失去促进自己向前发展的推动力。

丽莎是一位卫浴洁具销售经理，她对公司的销售部有着突出的贡献。娜塔莉是丽莎的同事，是与丽莎平级的一位经理。公司多次给丽莎发奖金，说明她在这个团队中的工作业绩一直处于巅峰状态，娜塔莉为此一直很尊敬她。可是，自从她在偶然间听到丽莎接电话时说的内容之后，她就开始担忧起来，因为电话的内容与公司业务毫无关系。

虽然丽莎一直以来对公司的销售业务尽心尽力，同时也为创造良好的工作氛围作出了很大的努力，但随着与公司业务无关的电话越来越多，娜塔莉还是认为自己应该提醒一下丽莎。出人意料的是，丽莎并没有为这些与工作无关的电话表示歉意，丽莎还向娜塔莉解释说，她现在加盟的某知名化妆品公司是世界上最大的多层次化妆品销售组织。丽莎承诺给娜塔莉提供一个加盟该公司的机会，并邀请娜塔莉参加公司的北美会议。在谈话的过程中，丽莎还向娜塔莉解释说，该公司的业务不但不会影响自己在公司的表现，反而能够促使自己成为一个更好的销售人员。娜塔莉暂时还没有发现丽莎的销售业绩有所下滑，而且见她对这个全新的行业似乎拥有无限的热情，于是决定暂时对整件事情缄默不言，甚至还和丽莎一道参加了该公司的北美会议。

就在娜塔莉认为整件事情到此结束的时候，入户安装部门的推销员凯莉找到了她，并且向她征求意见：丽莎同样在游说凯莉加入该公司，并告诉她这是一次千载难逢的商机。凯莉有些为难，又不好拒绝丽莎的邀请，怕僵化两人间的关系，毕竟销售工作靠的就是人脉。听了凯莉所说的话，娜塔莉觉得既羞愧又郁闷。她忍不住想，到底有多少销售人员甚至公司的客户，被丽莎的游说弄得进退两难。

与丽莎一样有所顾虑的查尔斯是一家五星级热带风情酒店的主厨，他每天都要负责管理手下的14名厨师。在这些厨师中，有一名新来的越南裔学徒叫做阮明天。阮明天正在申请绿卡，只有成功地申请到绿卡，阮明天才能让他的家人都移民到美国。能否成功地申请到绿卡，对于阮明天来说具有十分重要的意义，因此他内心的焦虑是完全可以理解的。

不幸的是，这种焦虑严重影响了阮明天的工作，查尔斯发现他经常对食材的处理不尽如人意，掌勺的时候也心不在焉，常常因为食物的火候与客人要求相去甚远而遭到投诉。不仅如此，阮明天还缺乏应有的责任心，常常不能按时完成工作。不管是巧妙的暗示还是不经意的闲谈，查尔斯所作的努力始终没能使阮明天认识到整件事情的严重性，这个学徒的工作效率没有任何提高。查尔斯清楚地知道，阮明天的态度会将工作搞得一团糟，但是考虑到阮明天的处境，查尔斯迟迟没有采取任何行动。

在这两个故事中，任何人都有充足的理由保持沉默，继续埋首于自己的工作，在娜塔莉看来，自己对丽莎这个昔日兢兢业业的同事已经仁至义尽了。她之所以对丽莎的兼职工作不闻不问，是因为丽莎在整个团队中的工作表现仍然可圈可点。至于查尔斯，虽然他表现出了对本职工作的高度关切，但还是尽量对他人保持友好的态度。他意识到阮明天一旦失去工作，他的生活将会是不可想象的。

然而，我们在为娜塔莉努力与同事保持友好关系、查尔斯富有同情心而感动的同时，也应该清楚地意识到这些优秀品质将在客观上导致管理费时低效。不管是对当事人自己还是他们所服务的机构，这都是必须面对的残酷现实。因此我们说，开诚布公的态度对于工作来说是不可或缺的。

对于大多数人来说，直抒胸臆相当具有挑战性，娜塔莉和查尔斯便是很好的例子。如何直面这种挑战？除了大胆地说出自己的想法——开诚布公之外，我们还必须掌握开诚布公的时机和分寸。

弗兰克在航天局下属的一家公司工作了20余年，他是一项重点航空计划的工程师和高新技术的管理者。对于弗兰克来说，保持省时高效、切中要害的工作状态是一件极具挑战性的事情。在不断更新的项目和具体工作中，他必须游走在讳莫如深和开诚布公之间，小心谨慎地修正自己的言行。

弗兰克曾经用这样的比喻来概括自己的经验：无论什么时候都要记住节约你的子弹。他的意思是，在事业发展的过程中，如果你只有一轮盘即6颗子弹，便必须慎重而巧妙地使用它们。

你并不是随时都可以直言自己的想法，否则你将被贴上“满腹牢骚”的标签。一旦拥有这个称号，你将永远被拒绝在交流的圈子之外。对于那些并无重大负面影响的小错误，最好的选择确实是沉默不语，但是对于那些的确事关重大的错误行为，我们一定要开诚布公。事关重大的范畴包括员工的安全、公司的声誉和个人的信用。

在一般的工作交流中，每个人都需要具备恰当的技巧和手段，大多数时候，你可以在小组会议以后私下向某个人陈述自己的观点。但是如果公司的一些举措从本质上来讲就是错误的话，那么在公开场合坦陈自己的看法也是很有必要的。要想掌握好开诚布公的时机和分寸，就要准确估计他人对自己看法的反应，在这种情况下，对人性的洞察就显得非常重要了。

第七章　学习是对自己最好的投资

学习是最好的职业投资

我们在之前的章节中提到过可雇用性在职场中十分重要，那么如何才能提高自己的可雇用性呢？乐于付出、不求回报的态度固然十分重要，而不断学习的意识更是不可或缺。

社会发展的速度越快，工作中各种知识和技能的更新速度就越快，我们的职业半衰期也就相应变得更短。大家都知道，在生产过程中我们需要随着时间的流逝对生产设备、办公资料进行折旧，而在专业知识日新月异的今天，如果不主动更新自己，我们也将在自己的岗位上被无情地折旧。

放眼职场，那些坚持学习和充电的人，总能不断提升自己的专业技能、处世技巧，不断开阔自己的职业视野，从而以良好的可雇用性获得晋升和加薪的机会。相反，那些没有学习意识，靠吃老本为生的员工，即使专业背景再优越、工作起点再高，最终还是难逃被淘汰的命运。

如果你对潜心学习之于工作的重要性还缺乏直观了解的话，让我们来看一组极有可能被忽略的数据：一个人的知识会随着职场环境的变化以每年7%～9%的比例流失；一个员工如果不学习，5年后就会落后于时代的步伐；我们在学校里学到的知识仅仅占人生全部知识结构的5%，且理论和实践之间还存在着巨大的鸿沟。

这是一个不存在“铁饭碗”的时代。社会以从前发展速度的10倍向前发展，如果你停滞不前，将会以10倍的速度落后于其他人，最终面临严重的职业危机。要想适应这个瞬息万变的时代，就要不断将新知识转变为自己的可雇用性，这就要求我们将充电作为职场生活的一部分，时刻拥有学习的意识和心态，在工作和生活中处处留意，不断进步。

也有很多人意识到不断充实自己的重要性，在工作中怀有充实自己、不断进步的良好愿望。为了满足这些人的学习需求，各种培训机构也像雨后春笋一般应运而生。我们常常能够见到这样的人，他们在星期三的晚上学习法语，在星期五的晚上学习企业管理，而到了星期六和星期日还要参加行业培训。那是不是我们的学习日程安排得越满，对自己的职业生涯就越有益呢？

要检验职业投资是否有效，并不是看我们投入了多少时间、精力和金钱，而是看我们有没有获得真正的成长。那些盲目跟风、流于形式的职业培训仅仅是蛋糕上的草莓——一种职场人的装饰而已。只有每时每刻都在努力让自己成长的人，他们的可雇用性才能长久地保持新鲜和拥有吸引力。

每走过一个计划周期，我们就应该扪心自问一下：我在最近的一个计划周期里学到了什么？我在这个阶段向他人询问了什么问题？我在这个阶段又改善和解决了哪些问题？真正的成长，与你学习多少门培训课程并没有太大的关系。成长与否的关键，在于你经历了什么，还在于你在这些经历之后有没有去思考、领悟和总结。

不断学习是员工的责任

学习是一种与生俱来的能力。在职场中，不断学习是一个员工的基本职责。我们必须通过调整自己的言行和提高自己的能力来满足同事、上司和客户的期待，从而适应工作的需要。学习的过程，需要我们不断观察、比较，根据经验迅速作出判断，见贤思齐，见不贤而自省。

如果你想成为一名不断学习的员工，就需要从三个层次来把握学习的内涵。

学习的第一个层次是处理问题的具体方法。

同样是写项目可行性报告，为什么有的人写出来脉络清晰，而有的人写出来则冗长拖沓、不知所云？同样的工作量，为什么有的人做起来从容不迫，还能提前下班，而有的人往往顾此失彼、精疲力竭？同样的客户，为什么有些人三言两语就能促成合作，而另一些人即使耗上十天半月仍然毫无进展？

不同的人在天赋上固然存在着差距，但工作方式的差异才是导致工作效率高低不同的最终原因。

有位儿童足球教练常常让孩子们排成一排坐在小板凳上，往他们身后扔球，让他们听到哨声后转身去追。几个回合下来，获胜者都是同一个孩子。这位教练一开始以为那个孩子获胜的原因是反应比其他孩子快或者短跑能力比其他孩子强，但经过仔细观察之后，他发现了获胜小孩的秘密：听到哨响之后，别的小朋友都是先从板凳上站起来再转身去追球；而这个小孩听到哨响之后并不忙着起身，而是先在凳子上迅速完成向后转的动作，然后站起来往前跑，于是就比别人领先了很多。

比起智力水平的差异，做事方式高明与否更能决定你在职场上取得的成就的大小。

学习的第二个层次是思考问题的方法。

那些善于维护客户关系的员工，往往具有很强的换位思考的能力，能够站在对方的立场上看待问题，从而更明晰当事双方的利益所在；那些决策型的员工，往往具有较为出色的辩证思维能力，能够从各个方面综合分析事情的利弊，并在仔细权衡之后做出恰当的决断。

这样的例子还有很多，它们都说明了特定的思维方式决定了人们千差万别的行事风格。作为职场中人，我们不能仅仅满足于自己熟悉的思维方式，而是要多去了解和学习他人考虑问题的方法，这样不仅能使我们看问题的角度更加全面，而且能让我们的思维习惯更加契合职业的特点和要求。

学习的第三个层次是职业态度。

桑布恩先生经常讲述这样一个故事：3个工作中的泥瓦工被人问到在

做什么，第一个说自己只是在砌砖，第二个自豪地说自己是个优秀的泥瓦匠，第三个则说自己在盖大教堂。

桑布恩先生解释说，第一种人只看眼前，工作的目的仅仅在于领取薪水、维持生存所需；第二种人往往能在专业领域做到非常优秀，但他们过于自我陶醉，常常忽略自己不熟悉的领域，他们的个性在自大中混杂着虚弱，非常难以合作；而第三种人是最难得的，因为他们准确地知道自己工作的崇高意义。

很多情况下，我们无法选择工作的内容，却可以修正自己对待工作的态度，在工作中不断学习，这便是职场中学习的最高层次。

把职场中的不断学习看做一种职责，对职场中的人和事保持坦率、好奇和礼貌，我们便能一路收获、迈向卓越。

把注意力放在提高自己的工作能力上

工作能力是指对一个人担任一个职务的一组标准化的要求，用以判断此人是否称职。衡量一个人的工作能力，就要衡量他所拥有的知识、技能和行为是否能够配合其工作。简单来说，工作能力就是一个人能够胜任某个职位的能力。

在现代职场，提高工作能力是企业和个人的共同诉求。笼统说来，工作能力的提高既需要量变，又需要质变。量变是指由累计工作时间以及自己总结出的工作经验所带来的工作能力的提高，而质变是指通过一定的学习机会所带来的工作能力的大幅度提升。在一个岗位上干了多年，每天重复基本相同的工作，经历了很多成功与失败，自然经验就比较多。但是想要让自己的工作能力得到大幅度提升，仅仅靠工作经验是远远不够的。很多时候，工作经验自然提高的速度根本赶不上工作本身的发展速度。如果我们跟不上工作发展的速度，达不到工作发展的要求，长此以往就很可能被淘汰，所以我们亟须工作能力的大幅度提升。

提高工作能力关键要靠学习，主要有两个途径。一是自学，但这种方法层次低、速度慢，而且需要顽强的毅力和持之以恒的决心，很少有人能够执行到位。二是参加各种培训为自己充电，这是使工作能力在短期内发生质变的极佳办法。然而，我们的时间和精力都是极其有限的。所以，当我们进行充电的时候，不能随便拿起一个充电器就往自己身上插。学习的目的性和相关性至关重要的。也就是说，在针对职场的学习当中，我们应该把注意力放在提高自己的工作能力上。

一般而言，要想切实提高自己的工作能力，职业人在充电的过程中要注意三个相关：时间相关、技能相关和市场认可相关。

所谓时间相关，就是指所学习的技能要与自己职业发展所经历的阶段相吻合。比如，一个经理助理如果想要立即参加MBA课程的学习，他就缺乏必要的时间相关性。而对于一位经理来说，研读MBA课程则不失为提升自己的可雇用性的有效途径。

技能相关，是指学习的内容要与自己所在职位的职能要求相吻合。对于一个土木工程师来说，考取电气工程师的资格认证便是一种风马牛不相及、毫无技能相关性的尝试。

市场认可相关，是指自己学习的技能要与实际需要和行业认可相结合。例如，面对MBA课程的热潮，很多学校看中其中的商机，不管师资和氛围是否达到要求都纷纷开设此类课程。在选择这些课程的时候，就要避免盲目和冲动，确保所学的内容在为自己带来成长的同时也能被业界所认可。

和我们在大学阶段经历的通识教育不同，职场中的培训学习有很强的针对性和计划性。只有选择那些真正需要我们学习的内容，我们的努力才不会偏离正确的方向。

在充电课程的选取上，桑布恩先生给出了五条建议：

1. 明确自己的职业规划，慎重选取与今后发展方向一致的课程。

2. 选取市场所需，又可以提升自身职业素养的课程。

3. 选取自身薄弱而迫切需要提升的环节作为课程目标。

4. 充电课程的选择，要使职业发展获得一定的延续性。

5. 充电课程的选取，还要与职业发展所处的阶段相适应。

职场充电事关职业人的未来，在职业发展的每一阶段，我们都需要不同的充电方式。充电计划需要结合职业生涯发展阶段的不同特性来制订，不能一概而论。针对经济时代知识的“短命”现象，我们只有随时更新自己的知识系统，并且有针对性地学习并积累与自己所从事的工作相匹配的知识信息，才能真正达到提高自己工作能力的效果。

及时总结，从经验中获得教益

经济大师萨缪尔森说过：“永远都要回头看，确保自己从过去的经验中学到很多东西。”

谈及工作的经验，失败和成功都是在所难免的。失败的阵痛固然侵袭过每一个人，成功的喜悦也激励过我们。无论是失败还是成功，都应该被纳入到我们的经验库存之中。

回顾那些痛苦的失败经历，我们往往会觉得受到了严重的打击，其实事情并不像我们想象的那么糟糕。华尔街有句老话：“不能相信没有失败过的投资经理。”欧洲谚语也说：“没有所谓的失败，除非你永远地放弃尝试。”从这个角度讲，工作中的失败对我们来说是一笔巨大的财富。

失败本身并不可怕，因为只要你善于总结经验教训，你终有一天会在它的背后找到打开成功之门的钥匙。人在应对生活中的各种危险时，常常凭着经验和本能，不加思考就能做出选择。比如，你不会站在不稳的石头上，也不会把手伸进火里，这是因为每个人在幼年的时候都积累了很多相关的教训，因此很少会发生在同一个地方再次跌倒的情况。

在我们的工作和生活中，及时总结经验教训是不断改进工作方法、保持强劲动力、确保进步和避免失败的有效措施和途径。职场中并不是不允许失败，而是说我们应该在失败之后吸取经验教训，把失败的经验转化为成功的经验，只有这样，我们才能拥有光明的职业前途。在职场中，往往是那些经过失败的打击和洗礼的人，才有可能长久地立足。永远要相信，只要我们能总结出失败的教训，那么就虽败犹荣。过去的失败经历能够磨炼我们的意志，增强我们的体质，提高我们的适应性。

从另一个角度来说，工作中的理论学习固然重要，但实践的缺乏也会导致我们理解浅显，不会应用。在这样的情况下，失败便是一种最为刻骨铭心的实践活动。从失败中总结出来的经验不仅记得牢，而且具有很强的针对性，对我们的工作有着极佳的指导意义。因此，不妨将每一次的失败看做是学习的好机会，把每一次失败都当做新的起点、新的升华。

我们不仅要从失败中汲取教训，还应该学会从过往的成功中总结规律。成功往往是短暂的，但成功的经验却可以使我们终生受用。要善于用一次成功引导多次成功，从一条成功的经验中反思出多条相关的经验。

总之，经验的积累并没有捷径可走，只有在工作中认真钻研、虚心学习，才能在长期的磨砺中积累真正的经验。

第八章　在工作中找到快乐

工作幸福指数自测

1．在星期天的晚上，下面哪一项描述最符合你的感受？

A．非常期待星期一的到来，没有什么比重回工作岗位更让人愉快的事情了

B．虽然对即将结束的周末有些依依不舍，但想想下一周的工作，也还是值得期待的

C．感觉周末过得实在是太快，还没将身心调整到最佳状态，又不得不面对工作中的新挑战

D．简直就像世界末日来临一般难受，一想到第二天要去上班，便恨不得马上就去死

2．离下班还有15分钟，在这段时间里你一般会：

A．完全没注意到马上就要下班了，往往要等周围的同事都拿包起身才想起世界上还有下班这件事

B．拿出手机看看有没有电话或短信，然后继续工作，但是注意力很难集中

C．彻底停止工作，一边浏览各种门户网站的娱乐花边新闻，一边计划下班后的各种活动

D．心中焦躁不安，思绪早已飞出办公室，觉得这15分钟简直像1个

小时那么漫长

3．突然被告知周末需要加班，你的感受是：

A．欣然接受，即使是在家中休息，你也经常抽出时间琢磨平时工作上遗留的问题

B．既然是工作需要，那就没什么好抱怨的

C．虽然心中不太情愿，但还是会按要求加班

D．心里一百个不愿意，迅速开动脑筋，为请假找借口

4．如果要用一个词形容一下你现在的工作状态，你最有可能选择下面哪个词?

A．开心满足

B．无可抱怨

C．纠结

D．恨之入骨

5．和朋友一起谈论各自的工作，你总是：

A．大讲特讲工作中的各种趣事

B．简单地描述一下平时的工作情形

C．对自己的工作缄口不言

D．大倒苦水，倾吐对工作的各种不满

6．对于跳槽，你的态度是：

A．每一份工作都有利弊，盲目更换工作不一定会让自己开心

B．因为很满意现在的工作，所以不准备跳槽

C．近期内有跳槽的计划

D．觉得自己完全不能再忍受目前的工作，必须马上另寻东家

以上各题选A得5分，选B得3分，选C得1分，选D得0分。

得分在0～10分：你的工作幸福指数已经接近冰点，你需要改变工作现状，或者索性追随自己的内心，彻底辞去现在的工作。不过始终要记

住一点，工作幸福指数最终取决于自己的心态。

得分在10～20分：你的工作幸福指数偏低。建议好好地梳理和总结前一阶段的工作情况，找出工作中令人不快的因素。如果是来自他人的因素，我们尽量去沟通和改善；如果是来自自身的因素，我们需要重新审视自己的工作动机和工作目标，为消除工作中的不良情绪找到一个合适的切入点。

得分在20～30分：恭喜你，你的工作幸福指数总体看来是十分让人满意的。你要思考的问题是如何保持这种高昂的兴致，在工作中取得长足的进步。

认同感：以企业为家才能更好地工作

我们在前面的章节中讲过，要像恋爱那样去工作，而爱自己的工作的基础是要对自己的工作产生充分的认同感。有过恋爱经历的人应该都知道，如果一个人对你没有任何吸引力，你在心里无法认同对方，你也就不会满怀激情地与之谈情说爱。我们应该把工作看成一件神圣的事情，而神圣的事情不能缺乏爱的认同。如果你不认同自己的恋人，就很难与其长久而和谐地相处，更谈不上从爱情中收获幸福；同理，如果你不认同自己的工作，当然也就谈不上热爱，那么你永远都不可能将工作做好。

要认同自己的工作，首先要对工作的意义有一个非常明晰的认识。诺贝尔经济学奖得主布堪纳特别迷恋美式足球。作为一位铁杆球迷，他从来不会错过每年1月间进行的季后赛。有一天，布堪纳突然感到，长时间坐在电视机前观看比赛其实是一件非常浪费时间的事情，他甚至因此产生了罪恶感。为了寻求心理上的平衡，布堪纳决定在看电视的同时给自己找点其他事情来做，于是他从后院捡了两大桶核桃，将这些核桃搬到起居室，一边看电视一边敲核桃。神奇的是，看着一点点累积起来的核桃仁，布堪纳真的感到自己的罪恶感有所消减。倍感安慰的布堪纳一边敲核桃，一边暗自琢磨：为什么自己长时间坐在电视机前会有罪恶感？为什么只是季后赛期间不工作就觉得心里很不踏实？最后，他悟出了一个道理：社会是赞许工作的。如果你对自己的工作有认同感，那么工作也会带给你他人的首肯和认同。

某大型电气公司有一位普通的职员，她每天的工作不是出外勤递交文件，就是打扫卫生、清理垃圾。面对琐碎而辛苦的工作，她不仅没有任何怨言，而且尽职尽责。这位员工连续五年上班全勤，无论刮风下雨从不迟到早退，而且乐于助人。她自动放弃每两周一次的周六休假，也从没申请过加班补助。只要是她经过的地方，你不会看到不该亮的灯、滴水的龙头或地上有纸屑。

这名员工比老板还要珍惜和热爱自己所在的公司，显而易见，她已经将企业看做是自己的家了。她的精神赢得了大伙儿的敬佩，也时时刻刻激励着公司里的其他工作人员。两年之后，原本只是一个普通职员的她，凭借把自己当做企业“董事会成员”的认同感，在所有人艳羡和佩服的目光中被破格提升为总务主任，进入了公司中层管理人员的行业。

对工作不认同就是对自己不认同。如果对工作产生疏离感，我们要么重新修正自己对工作的定义，力求从各个细节去重新认识自己服务的企业、爱上自己的工作；要么勇敢地放弃无法获得自己认同的职业，找准方向，下定决心重新出发。

成就感：让工作的乐趣翻倍

职场中，越来越多的员工开始注重工作中的成就感，并将其作为衡量工作优劣的一个相当重要的标准。然而，也有很多人仍然不关心工作是否给自己带来成就感，他们仅仅把工作当成一种养家糊口的手段。我们不得不承认，一个人要活在这个世界上，必须首先解决生存问题，希望通过工作赚钱的想法本身无可厚非；但是，除了物质需求之外，工作还应当满足我们的心理需求和精神需要。高尔基曾经说过："一个人所追求的目标越高，他的才能就发展得越快，对社会就越有贡献。"

如果工作不能为我们带来成就感，"凭什么"就成了很多人在面临繁重的工作任务时发出的疑问。一个员工不能从自己的工作中收获成就感带来的喜悦，天长日久他将变得疲惫和懈怠。纽约一家著名的数据统计机构曾就"导致你工作懈怠的原因"和"导致你工作缺乏激情的原因"两个问题进行了调查，调查结果显示，"缺乏动力，不知道为什么要努力"是现代人对工作产生懈怠和缺乏工作激情的最主要原因。

在这种普遍存在的困惑之下，寻找工作中潜在的成就感便成了十分重要的事情。桑布恩先生曾经将工作所带来的成就感归纳为五个方面：薪水增加；学习到更多的知识、技能和经验；工作能力得到提高；获得更高的职位或更多的机会；为他人带来更多的幸福，强烈感觉自己被需要。

根据心理学家马斯洛所创立的需要层次理论，上面提到的最后三点成就感都或多或少地包含了自我实现的需要，这是人类特有的一种最高层级的需要。这样的成就感是一种非常积极的情绪体验，是个人价值得到认可后的满足，对于建立自信、激发潜能和提高工作能力都大有裨益。

要想在工作中取得高层级的成就感，我们可以从以下这些方面进行努力。

试着把每一份工作都当成自己的事业。人在工作中之所以会缺乏成就感，一个很大的原因就是没有发现和认可自己工作的价值。事实上，即使对于那些并不十分让人满意的工作，我们也应该投入百分之百的热情。要知道，工作不仅是我们赖以生存的基础，还是我们体验失败、积累经验的宝贵机会。认真地对待一份“烂工作”同样可以带来“好”的成就，那就是为我们今后的职业生涯打下基础。

要有积极的工作态度。如果用消极退缩、遇事推诿的态度去对待自己的工作，我们将永远不会产生成就感。很多人都有这样的体会：当专业技能一直没有提升，或是自己的工作表现不被上司和同事欣赏的时候，我们就很容易产生停滞不前的倦怠感。很多时候，我们需要的只是更多一些积极主动的精神。

让工作更有挑战性。工作按部就班、缺乏挑战也是工作成就感降低的重要原因。一旦我们不能体验通过努力获得成功喜悦的时候，我们的工作便会渐渐陷入消极的状态。在现代社会，过度专业化的分工固然使员工的熟练程度得到大幅度的提高，但也容易使工作变得单调，使员工丧失思考的机会，从而感受不到成就所带来的激情。在这样的情况下，我们可以主动为自己的工作增加难度：学习新的工作技能和工作方式，就已经存在的某些问题提出自己的改进方法，从宏观上关注公司的发展方向，这些尝试都不失为体验成就感的有效方法。

荣誉感：送的不是信，是全世界的希望

经济学家詹姆森·库伯曾经说过，一个良好社会的重要特征就是每个职业人都有强烈的职业荣誉感。所谓职业荣誉感，是指人们在工作上认真履行职责之后获得别人的尊敬从而产生的自豪和光荣的感觉。在一个成熟的社会，只要你能在自己的岗位上把事情做得近乎完美，你就能得到来自他人的尊重。在这样的社会，敬业是自动自发、约定俗成的。

与之相反，职业荣誉感的淡化其实就是社会责任感和职业操守的淡化。职业荣誉感的淡化会衍生功利主义和极端的个人主义，从某种角度来说也是社会职业道德教育弱化的一种体现。当人们不再为自己从事的职业感到光荣和自豪时，他们对社会的责任、义务和对工作的热情也会随之淡化，无私奉献、服务至上的宗旨也将失去立足之本。

在日本京都的各个观光景点，你都能看到许多贩售传统日本小吃的摊位。说来令人难以置信，很多这样不起眼的小摊已经有近百年的历史，而摊主已经是家族中的二代甚至三代传人。制作贩售传统小吃固然可以维持生计，但收入也谈不上非常丰厚，而且摊主一年四季都要起早贪黑，实在是辛苦。之所以还有这么多人愿意延续那一份平淡无奇的家族事业，很大程度上是因为骨子里与生俱来的职业荣誉感：他们或以提供全日本最精美的和果子为荣，或为世界各地的游客能够尝到别具一格的章鱼烧而不断努力。

良好的职业荣誉感是良性社会的标志。无论你做着什么样的工作，都应该力求通过卓越的成果换取他人和社会的尊重。要谨防职业荣誉感的缺失和对职业本身的歧视，那会让我们毫无羞耻感和责任心，对工作

过程中所产生的失误和造成的损失视而不见。不管他人的态度和行为是怎样的，我们始终应该相信，自己就是点亮希望的灯塔。无论从事什么职业，我们都必须在职责范围内对自己高标准、严要求，用不可替代的专业性赋予自己职业的尊严。

邮递员弗雷德在和桑布恩先生的一次聊天中透露，当他每天清晨跨上自行车的时候，他觉得自己的邮包里装的并不是一沓沓信札，而是人们的微笑和希望。记住，你送的不是信，而是全世界的希望。要构建充满职业荣誉感的社会，约定俗成的力量必然是最为关键的，你对自己职业荣誉的每一次悉心维护都将成为影响他人的正面力量。下面的这句话，希望能与诸君共勉：

想要创建一个天堂，你得先成为天使。

停止抱怨，突破眼前的“马其诺防线”

在工作中，我们总是能够听到抱怨的声音：抱怨工作太辛苦，薪水却很低；抱怨闹钟不准时、塞车太严重导致自己迟到；抱怨老板太苛刻；抱怨自己总是得不到提拔的机会……

如果抱怨能够真正帮助我们解决问题、摆脱现状的话，那么所有人都会停止工作，开始抱怨。然而，在实际工作中，抱怨究竟带来了什么？

首先，抱怨浪费了解决问题的大把时间，使情况变得更为糟糕；其次，抱怨打击了自己的士气，弄糟了自己的心情，扰乱了自己的思路，往往越抱怨就越容易消极被动；再次，抱怨容易给上司和同事带来不好的印象，没有人愿意和一个成天抱怨连连、愁眉不展的人共事，也没有人愿意花钱雇用一个悲观狭隘的人。

成功学大师奥利森·马尔登告诉我们：“不要总是抱怨。抱怨过多是一个人衰老的象征，而真正的强者是从不抱怨的。命运将他抛向天空，他就做鹰；将他置于山林，他就做虎；把他放到草原，他就做狼；把他投到大海，他就做鲨。”

不断地抱怨，其实就是在为自己的心灵设防，将梦想和成功抵挡在外。

一家专为高层管理人员开设的策略咨询机构先后迎来了两位有趣的顾客，他们来自同一家公司，一个是技术部的高级管理人员，一个是公司的老总。高管一进门便大倒苦水：“我说我不想来这个破公司，而这个公司的老板非要把我拉过来。虽然我的薪水和职位都有改观，但是公司问题实在太多，战略又不清晰，管理也很混乱，再加上保险不健全……最要命的是，老板想起一出是一出，完全听不进别人的意见！我准备明天就跳槽！”

随后到来的老板也是满腹怨言：“我这哪儿是在雇用人才；我就是花钱请了个只会挑毛病的大爷！他对我们公司这儿也看不惯，那儿也瞧不上。想请他另谋高就吧，又不忍心看着高昂的猎头费血本无归；有心将他留下吧，又担心他的抱怨成为公司的不安定因素……”

最后，该机构的高级顾问给高管的建议是：慎开金口，少说多做，减少抱怨，埋头实干。毕竟有能力的人在任何地方都是一种稀缺资源，更何况他与老板之间发生摩擦的根本原因不是什么“私仇”，而是“公怨”：老板认为自己的员工只会抱怨，而员工则认为老板朝令夕改，不能虚心听取意见。对于高管来说，最重要的是先在工作中取得一些成就，干出样子来，再选择合适的时机向老板提出建设性的意见。这位高级顾问给老板的建议则是：要忍耐这位脾气火暴的高管，以观后效。

就这样，高管和老板拿着各自的“药方”回到了公司。几个月之

后，老板看着不断增加的利润喜笑颜开，那位脾气不小的高管为公司节省了近百万的成本。而那位公司的高管也看到了公司的潜力和自己施展才华的平台。在停止抱怨之后，两人终于突破了内心的“马其诺防线”，成了一对“欢喜冤家”。

世界上没有十全十美的工作，也没有十全十美的人。与其抱怨工作，抱怨他人，不如先改变自己的心态，突破自己的心理防线，时刻准备好在工作中收获意外的惊喜。

看淡薪水，抚平患得患失的焦虑

薪水高低往往是很多上班族最为关心的问题。然而，在本书的之前几个章节，我们已经达成了共识，工作其实应该包括两个需求层次：第一个层次是谋生，第二个层次是自我实现。因此，员工也就相应地分为两种：一种是为老板工作的员工，一种是为自己工作的员工。对于后者来说，一份工作就是一种生活方式，它所能提供的价值和意义不能只用金钱来衡量。用心付出的人永远有要求报偿的权利，但是，薪水只不过是工作带给我们的众多回报中的一种。紧盯自己的薪水，很容易一叶障目不见泰山，因为锱铢的偏差而丧失在工作中感受幸福的机会是不值得的；试着淡化对薪水的盲目期望和比较，则极有可能在工作中发现自我，成就事业。

匹兹堡的盛夏是炎热而难熬的。这一天，一群工人正在公路上挥汗如雨，一辆缓缓开来的豪华轿车打断了他们的工作。这辆带有空调的豪华轿车突然开了窗，车里面传出一个低沉而友好的声音：“墨菲，是你吗？”这群工人的领队——墨菲回答说：“是我，凯森。很高兴能在这里见到你。”于是，墨菲和公路公司的总裁凯森进行了长达一个小时的愉快交谈。

挥别凯森之后，墨菲被他的工友团团围住，他们都惊讶于他居然是公路公司总裁的朋友。墨菲解释说：“在二十几年前，我和凯森是在同一天开始为这条公路工作的。”一位工友半开玩笑地问他：“为什么你在骄阳下养护路基，而你的朋友却成为总裁？”墨菲略带惆怅地回答说：“早在二十多年前，我还在为每小时1.75美元的薪水而工作的时候，凯森就已经在为‘自己的公司’和‘自己的公路’工作了。”

与凯森的前瞻性和墨菲的踏实相比，时下很多职场新人的做法就更不明智了。他们一边玩世不恭地对待自己的工作，频繁跳槽，对公司冷嘲热讽，一边怨天尤人，感慨自己生不逢时、怀才不遇，对薪水稍有不满就对自己的工作采取敷衍的态度。对于这些人来说，查尔斯·施瓦布的名言无异于醍醐灌顶：“如果一个人对自己的工作缺乏正确的认识，只是为了薪水而工作，那么他很可能既赚不到钱又得不到成长。薪水仅仅是公司对个人回报的一部分，而且仅仅是极少的一部分。”

一位纽约的百万富翁在回顾自己的成功之路时感慨万千。当年，他在一家通讯公司的薪水最初只有每周15美元，后来一下子就涨到每年20000美元，而这之间竟然没有任何的过渡。没过多久，他还成为这家通讯公司的合伙人。

刚到公司的时候，他和公司签订了10年的劳动合同，约定5年内薪水保持不变。但他暗下决心：绝不满足于每周15美元的薪水，绝不能不思进取。他一定要让老板知道，他绝不比公司中的任何一个人逊色。

他的工作态度很快引起了周围人的注意。6年之后，他在工作中已经如鱼得水、游刃有余，以至于另一家公司愿意以3000美元的年薪聘他为海外采购员。但他并没有向老板提及此事，在10年的期限结束之前，他甚至从未向他们暗示过要终止合同，尽管那只是一个口头的约定。也许有很多人会说，不接受如此优厚的条件，他实在是太愚蠢了。

但是，在10年的合同到期之后，他所在的公司给了他每年20000美元的高薪，后来他还成为该公司的合伙人。老板很清楚，这10年来他所付出的劳动要比他所领的薪水高出数倍，给他20000美元的年薪理所当然。

的确，在一个人的职业生涯中，成长比成功更重要。假如案例中这位富翁当时对自己说：“既然我只领15美元的周薪，那么我何必去考虑15美元之外的业绩呢！”如果那样，恐怕他也就成不了百万富翁了。

我们应该明白，成长的机会比薪水更重要。如果我们将工作视为积累经验的过程，那么每一项不起眼的工作都包含个人成长的大把机遇。在工作中，那些看淡薪水、从不患得患失的人，往往才是收益最多的人。

第九章　感恩为人生加一点阳光

感恩是职场的终极智慧

一位工作很出色的杂志编辑突然向总编提出辞职。经过深入沟通，总编了解到他辞职的原因是认为杂志总监对他有成见。比如说，平时总监总是对他很严厉，不放过他的任何一点小错误，批评他的时候一点面子也不给。不仅如此，这位编辑还发现，自己的版面做得越好，总监越是变本加厉地给自己布置更重的任务。

了解这位编辑想要辞职的原因之后，总编只问了两个问题："这几年的工作中你在哪一阶段能力上升最快？今年的收入怎么样？"编辑不假思索地回答，自己从现任总监上任之后能力上升最快，对今年的收入也十分满意。总编意味深长地说："虽然你确实有一定的工作能力，但多少还欠缺一点终极智慧啊。"总编向这位编辑细说原委，最终成功地将他挽留。

事实上，这位编辑所缺少的终极智慧，正是一颗感恩的心，他在公司最该感谢的人，就是那位难以取悦的总监。总监不仅给了他做事的机会，还给了他成长的机会。从某种意义上讲，人的能力都是在做事的过程中被逼出来的。正因为有了总监的严格要求，这位编辑才不知不觉地改变了坏习惯，养成了好习惯。在工作中保持适度的压力，能够不断激发人的潜能。反之，如果你有能力挑100斤的重担，领导却只分给你80

斤，短期来看你享受了游刃有余的轻松工作，从个人发展的角度看你却错失了很多机会。

在职场中，我们要学会感恩，第一，要感谢自己“表演舞台”的提供者。千里马常有而伯乐不常有，许多能力和你不相上下的人可能一辈子都没有施展拳脚的机会。一位能够给你施展空间的领导，就是你人生旅途中一位值得珍视的伯乐。

第二，要感谢你的职场领路人。这种人注重实干、言行一致，谦逊而有能力。他们总是愿意指出你的不足，毫无保留地把自己为人处世的技巧教给你，让你在成长的道路上飞速前进。这种人是值得尊重的教导者和你职场路上的提携者。

第三，要感谢能包容你的缺点，欣赏你的优点的人。能够发现、欣赏你的长处的人，将为你的职业生涯带来许多积极的推动作用。

第四，要感谢严格要求你的人。遇见一个能时刻规范你行为的人是一种福气，对方严格要求你，说明他信任你、看好你，说明他并不将你的进步视作对自己的威胁，才会如此用心地敦促你，使你不断进步。

第五，要感谢愿意为你承担责任的上司。在职场中犯错误在所难免，然而有的领导犯错误让下属承担责任，有的领导则在下属犯错后主动承担责任。后者不仅仅是工作中的领导，更是我们成长中的呵护者。

第六，要感谢所有的竞争对手。人的能力是在竞争的过程中提升的，一个没有对手的侠客只可能是堂吉诃德。感谢自己的每一位竞争对手，就是珍惜每一个进步的机会。

感恩让敬业成为一种习惯

对于真正心怀感恩的人来说，敬业并不是生硬的要求，而是最佳的感恩行为，也是一种日久养成的习惯。

古罗马哲学家爱比克泰德曾说："是否幸福并非取决于天性，而是取决于人的习惯。"我们在事业上能否获得成功也取决于习惯。习惯是在后天养成的，是可以培养和改变的。有专家指出："21天以上的重复会形成习惯，90天的重复会形成稳定的习惯。而一个观念如果被别人或者自己验证了21次以上，它一定会变成你的信念。"所以，敬业的习惯也可以通过感恩的心态得以养成。

在惠普总部的办公楼里，有一位临时女清洁工。在整个办公楼的几百名员工中，她是学历最低、所拿薪水最少的人，可她的敬业精神却令人感动。她对大楼中的每一个人都面带微笑，对任何员工提出的超出自己职责范围的要求，她都会竭尽全力去做。渐渐的，这种敬业精神感染了所有出入这栋办公楼的惠普员工。

惠普总裁知道这位女工的事迹后很惊讶，忍不住问她："您为什么能够如此敬业地面对每一天的工作呢？"女清洁工说："我没有学历，也没有专业的技能，公司却能给我这份工作，让我有能力供我的女儿读完大学。对于这美好的现实，我唯一能够做到的，就是尽一切可能把自己的工作做好。正是这种想法让我拼命工作。"

惠普公司的这名女工让我们明白，要把爱岗敬业变成一种习惯，其实只需要用足够的耐心和信心去贯彻以下三个原则：第一，热爱本职工作，珍惜来之不易的工作机会；第二，将内心的感恩化为对工作中点滴细节的关注和坚持；第三，在自己的工作岗位上勤勤恳恳，不断学习，精益求精。

知恩图报的美德，总是能够让敬业精神融入到日常工作的每一个细节中。同时这种美德与我们的职业素养是密不可分的。我们应该让感恩的心态扎根在自己的心中，清楚地认识到工作是生命中最珍贵的礼物，是一种神圣的恩典。无论我们取得多大的成就，都不应该忘记我们的工作需要依靠他人和集体。

拥有一颗感恩的心，我们便能将敬业的行为内化为一种习惯。惠普公司的女清洁工珍惜并感谢能够支持女儿念大学的工作机会，邮递员弗雷德感谢工作中能够走街串巷、与街坊邻里接触交流的机会，他们都因此成为敬业的表率。如果我们也能在职场中为自己寻找一个感恩的对象，那么我们同样能够快乐而无悔地将更多的精力和热情倾注到自己的工作中。

大声说“谢谢”，永远不嫌多

生活中不是缺少美，而是缺少发现美的眼睛。工作中不是缺少发自内心的谢意，而是缺少将谢意表达出来的勇气。不得不说的是，少了感恩的表达，我们的生活和工作就少了一种激励人心的正面力量。主动表达自己的谢意，永远都不会是一件尴尬、落伍或不合时宜的事情。

英国的一批清教徒为躲避国内的宗教迫害，不得不乘船远渡到美国东海岸的罗得岛。那时候，罗得岛还没有被开垦，生存条件极其恶劣。就在这些清教徒缺衣少食、无以为生的危难之际，当地的印第安人为他们送去了食物、生活用品和生产工具，帮助他们建立了自己的家园。这些英国人在成功地渡过难关、建立新家之后，便在那一年11月份的第4个星期四设宴盛情款待热情帮助过他们的印第安人。此后，为了提醒自己勿忘别人的恩惠、永怀对生活的感激，他们在每年的这一天都会举行同样的活动，直到1941年，美国国会正式将这一天定为国家节日。从此以后，每到这一天，人们都要尽量和亲朋好友团聚，向那些平时没有机会感谢的人表达自己的谢意，这便是感恩节的由来。

人们习惯在感恩节说那些平时来不及说出口的“谢谢”。事实上，我们随时随地都可以大声地表达自己对父母、朋友、同事、上司和客户的感谢之情，并且这个世界对“谢谢”一词是永远都不会嫌多的。

每天清晨，当你从温暖的被窝中醒来，吃着精美的早餐时，你是不是应该对拥有一份能够养活自己的工作而欢呼雀跃？毕竟还有很多人露宿街头、衣衫褴褛、食不果腹。当你在上班途中看到明媚的阳光、呼吸到清新的空气时，你是不是应该感谢生活让你拥有健康的身体和良好的环境？毕竟还有很多人满身病痛，每日生活在死亡的边缘。当你情绪低落，工作伙伴花时间耐心开导和鼓励你时，你是不是应该感激他们？你的工作伙伴并没有帮你调节情绪的义务。所以，我们应该大声地表达自己的谢意，感激工作中的每一个人和每一件事。

作家萨克雷说过：“生活就是一面镜子，你笑，它也笑；你哭，它也哭。”对于这个世界，如果我们能够大声表达自己的感激，那么它也将回馈给我们更多的眷顾、爱意和祝福。大声说“谢谢”，并不是说只把“谢谢”二字挂在嘴边，而是提醒我们要珍视他人的付出和帮助，并勇敢地去表达发自内心的感激之情。感谢的方式有很多种，你可以写封感谢信给对你有过很大帮助而你从未表达过感谢之意的人，也可以为对方寄上一份小小的礼物……总之，无论采取何种方式，都不要把感恩当做一次表现自己的机会，而要将它变成发自内心的自觉行为。

用心去感恩，常常能够带来一系列的良性连锁反应，让你体会到他人的善意和职场的美好。将自己心中的谢意传达给别人，既能激励自己不断前进，也能感动和改变他人，唤起更多感恩的心。在这样的共鸣中，小到职场氛围，大到我们生活的这个世界，都会发生令人惊喜的改变。

感恩的心永远不知疲倦

激情如同奔流不息的江河，一去不复返，只剩下日渐麻木的我们，渐渐流光当年的满腔热血。回顾初出茅庐的自己，壮志凌云。然而，是什么让我们日趋疲惫呢？逐年上涨的生活成本，恒定不变的基本薪水，逐年上升的房价……越来越多的职场人在社会现实和职场关系的双重压力下迷失了方向。在这样的环境之下，永怀感恩之心，真诚地对待自己和他人，也许是对抗职场倦怠最有效的办法。

感恩能给我们认识社会、认识自我的机会，也能让我们在认识中获得成长。不懂得感恩的人，往往用冷漠来对待自己、对待他人，从而使自己的心变得疲惫不堪。他们常常以为自己看透了人生百态，对生活中所有的激情和感动都抱着一种笑而不语的态度，其实他们只是想逃避不够美好的现实而已。然而，逃避的人生是疲惫的，因为被动消极的应付永远比积极主动的迎战来得辛苦。所以，我们有必要用一颗感恩的心去拥抱自己的工作，拥抱自己遇见的每一个人，只有这样，我们才能直面职场中的酸甜苦辣，充满活力地迎接每一天。

感恩是驱散疲惫的法宝，也是使我们在职场中坚持不懈的加油站。正如某大型石油公司总裁在自传中所写的那样，“你可以接受这个现实社会的残酷，但是请不要放弃人性中温情脉脉和未被同化的一面，因为真诚和感恩能为你的职场生涯插上永远不知疲倦的翅膀”。一个心怀感恩的人，永远都充满热情，这种热情能感染自己，更能感染别人。在一个充满热情的集体之中，你能感受到一种正面的、鼓舞人心的力量，也能得到更多善意的、发自内心的关怀。在和他人的良性互动之下，我们很少会产生疲劳感，就算感到疲劳，在适当休息之后也能很快恢复。

要想在职场中坚持到最后，你可以不够聪明、不够有悟性、不够有才华，但绝对不能缺失感恩的心。感恩，这是许多职场前辈给予新人们的忠告。一位在北美地区炙手可热的企业咨询顾问甚至表示，感恩比努力更重要，感恩能够改变最基本的职业心态，甚至可以改变职业选择上的失误。这位企业咨询顾问举了销售人员作为例子，“那些学历高、经验丰富、业绩突出的销售员在经历其他公司的‘挖角’之后，在新公司的表现往往不尽如人意。归根结底，这样的销售人员往往很少对新东家心怀感激，反而觉得自己的‘移驾’是新公司的荣幸。我们不能指望怀着这种心态的员工能够将自己和公司完全绑在一起，在工作中永无止境地追求卓越。相反，很多性格内向、学历不高、打着擦边球被招进公司的人往往心怀感激，能够以持续不断的激情去成长和进步，最终超越自己，获得成功”。

第十章　抓住机会，提升自我

发展自我，提升自我价值

对于上班族来说，能否提升自我价值是决定自己职业生涯长短的关键因素。所以，“保持饥饿，保持愚蠢”就成了一种极为明智的职场态度。永远不要觉得自己所了解和掌握的知识已经足够，上班族自踏上工作岗位的那一天起，就应该将职业生涯和学习生涯紧紧联系在一起，勤于用知识和技能对自己进行投资，提高自己的附加值，培养自己无论在什么年龄和什么样的行业环境中都能生存的本领。

35～50岁是上班族最关键的15年。一般大学毕业生在25岁左右进入职场，到35岁的时候，已经有10年左右的工作经验，正处于事业上升期，这是职场发展最为关键的时期。我们要好好地把握这关键的15年，在职场上全方位、多角度地积累各方面的知识。到了50岁之后，我们到底是继续升迁担任要职，还是成为企业裁员时第一个想到的人，就看我们在前15年的历练之后是否具备了不可取代的自我价值。

要想突破自我价值实现上的瓶颈，我们不妨给自己一个机会，试试以下这些建议：

确立一个年度目标。很多人都有一份职业发展计划，但仔细分析计划，常常会发现目标太过远大，不是一时半会儿能实现的。要想职业发展持续，需要有短期的目标，并且踏踏实实地工作。

培养一项特别的技能，扩展自己的核心竞争力。如果你不是技能型人才，如果你不是企业的核心员工，你同样也可以通过努力以实际成绩来证明自己在公司的价值。要知道，敬业精神也是一种不可取代的价值和竞争力。

注重学习，积淀素养。每天学习的成效微不足道，逐日积累的文化底蕴却会日渐丰厚。为自己规划一个“六个月工程”，即专心致志、集中精力就某个问题钻研6个月，你就能成为这方面的专家。持续不断地学习，将使自己在点滴的积累中得到提升。自我价值的提升，最终是一个不懈努力、勤于积累、厚积薄发的过程。

认真地总结失败的经验教训。我们应该正确地看待犯错这件事情。在年轻的时候，要有失败了重新再来的冲动和勇气。没有失败过的个人和企业都是危险的，过于顺利的发展历程往往会使他们思想僵化，从而轻易被时代所淘汰。凤凰浴火之后才能涅槃，如果我们不能在失败之后否定自我，获得重生，害怕因此失去既有的一切，那么就会失去创新的能力，自我价值的提升更是无从谈起。

制订一份健身计划。健康问题不仅会削弱你的自我价值，甚至会让你的自我价值瞬间为零。所以，工作任务越重、压力越大，就越应该给自己留出健身的时间。即使是最为简单的锻炼，只要能够制订计划、天天坚持，也能收到良好的效果。

总之，要想提升自我价值，就不能自我设限，要敢于向所适应和习惯的环境发起挑战。“游戏的胜利者往往是规则的制定者”，只有敢于挑战的人才能创造新的规则，为自己和企业开创更好的未来。那些一门心思想升迁、只会在体制内钻营的人，不会使自己得到真正的发展。只有用开放和吸纳的态度去面对职场，我们才能顺应时代的变迁，使自己无论在什么时候都能得到最好的发展，像大家常说的那样“越老越吃香”。

让迫切需要引导你

有的人常常抱怨：为什么自己的工作计划制订得天衣无缝，职业愿景描绘得无比美好，却仍然缺乏改变的动力呢？在桑布恩先生看来，那是因为你为自己设置的通过工作来满足的需要还不够迫切。

多莉·阿莫斯是住在西弗吉尼亚州的一名乡村教师。1893年的一天，她来到一处十分偏远的农场，对一名学生进行家访。家访结束的时候，天色已晚，多莉·阿莫斯还得翻过一座山才能到家。不幸的是，她在半路上遇到了3头野狼。对于这位手无缚鸡之力的女教师来说，当时最迫切甚至可以说唯一的需要只有两个字，那便是“活命”。她当时的处境是：身后有凶恶的野狼，面前则是一段接近90度的峭壁，沿着峭壁向

上爬行5～6米，才能到达上一级山路。

在极度惊恐和无助的情况下，求生的迫切需要使这位女教师爆发出前所未有的潜能，她居然攀上岩石，一口气爬上峭壁，而后又飞快地跑回家。当求生成为一个人的迫切需要的时候，他往往会大量分泌肾上腺素，以令人吃惊的果敢和气力去完成在一般状态下不可能完成的事情。

同样的道理，如果仅仅以成为弗雷德作为工作目标，那你不会拥有真正的动力；要做一个弗雷德，你得有迫切的需要或理由，那才是真正的动力所在。这些理由可能包括给他人带来正面影响的愿望、从出色工作中获得的快乐、对成为激励他人的表率的渴望，等等。不论你认同的是什么理由，迫切的需要总能让你在工作中分泌更多的肾上腺素，从而能够倾力而为，实现那些原本令人望而生畏的目标。我们要善于在工作中发现自己的需要，用心去体会这些需要被满足时的愉悦和幸福。

当然，像多莉·阿莫斯一样，我们可能会遇到更惊险的情形，产生更为急迫的需要，它们都是能够引导自己的利器。必须想方设法避免自己在次日的董事会上惨遭裁员算不算一种迫切需要？必须在3天内完成任务以保证自己拿到全额季度奖金算不算一种迫切需要？答案是肯定的，这些非常极端的假设都会产生极为有效的激励作用。也许你会说，自己从来没有遇到过以上情形，那么，将对街橱窗的一件漂亮大衣（或一辆多功能山地车）作为对自己工作的短期激励，也不失为一种既行之有效又愉悦身心的办法。

定期自我调整，振作自己

现代职场的压力每个人都能感受得到。巨大的工作量，复杂的人事关系，瞬息万变的职业需求以及对公司倒闭、裁员和减薪的担心，都使我们承受着压力，甚至会导致一些精神问题。因此，处于职场高压中，我们应该学会定期调整自己、振作自己，将自己从职场高压中解救出来。下面的“十步诀”，便可以作为一张自我调整、振作精神的处方。

第一步，精神超越——重新定位人生观和价值观。卡耐基说：“我十分相信，拥有正确的价值观是获得内心平和的最大秘诀之一。而我也相信，只要我们能定出一种个人化的标准，一种衡量与我们的生活相比什么样的事情才算值得的标准，我们的忧虑有50%可以立刻消除。”

第二步，心态调整——以乐观积极的心态拥抱压力。法国作家雨果说过：“思想可以使天堂变成地狱，也可以使地狱变成天堂。”如果危机的产生是因为自己能力不足，那么解决问题的整个过程就应该被视作使自己提高和成长的重要机会；如果危机的产生是因为环境或人为因素，则可以通过理性的沟通解决，即使无法解决，也可以抱着乐观的态度去宽恕。如果一个人能够保持乐观的心态去处理问题，他得到满意结果的几率会比一般人高出近20%。

第三步，理性反思——学会自省和倾吐。当我们面对压力时，“如果没做成又如何”的自我询问并非都是借口，也可以是一种有效舒缓压力的方式。同时，记压力日记也是一种简单有效的理性反思方法，它可以帮助我们总结出应对压力的经验，也可以单纯作为一个倾吐不快的对象。

第四步，建立平衡——留出休整空间，工作压力不能带回家。再忙也应该留出休整的时间，与家人交谈、阅读、冥想、听音乐、参加体育锻炼都是获得内心安宁的绝佳方式。持之以恒地交替使用你所喜爱的解压方式并建立理性的习惯，你将越来越明显地体会到休整的益处。

第五步，时间管理——把握主动权，不要让事情来安排你。对自己的工作要有一定的前瞻能力，通常可以把重要但不紧急的事放到首位，防患于未然；那些毫无时间管理概念的人，他们的工作将永远处于被动状态。

第六步，制订计划——当一个人有一个完美的计划表，而且能够逐步实施时，就不会产生无谓的压力。计划表是一个很好的“监督者”，它能督促你一步步实现每一个目标；计划表又是一种软性的压力——只有跳起来才能够得着。当你对要做的事情有着详细而周密的计划时，很多压力都会被消解。

第七步，分清主次——许多白领做事的标准是完美无缺。事实上，并非所有的工作都要尽善尽美。当有数不清的工作涌来时，有些工作做到80分就足够，保证最重要的事得100分才是最要紧的。

第八步，加强沟通——不要独揽压力。压力过大时，我们应该主动寻求上司的协助，而不是沉默不语。另外，我们还可以主动寻求心理援助，比如与家人朋友倾诉交流或求助于专业人士。

第九步，提升能力——能力提高是消灭压力最直接有效的方法。能力的提高使我们更善于解决问题，这就从根本上解除了压力的困扰。

第十步，生理调节——学会放松，保持健康。加强锻炼、保证睡眠、注重膳食营养，都可以增加你的精力和耐力，帮助你有效对抗压力引起的疲劳。

从另一个角度来看，适度的压力对我们的身心健康并无大碍，反而能起到积极的促进作用。只要我们善于调整，就能够化压力为动力，让自己处于良好的应激状态，以恰到好处的兴奋感、更为努力的姿态和更强烈的热情去完成工作，从而使自己的业绩得到提升。

减少妨碍你进步的有害因素

在工作中，哪些事情会让人厌恶和生气？哪些事情会妨碍自己的进步？如果我们足够留心，能够注意到这些事情，并想办法减少或排除，那么局面就会变得很不一样。

一家保险公司客户服务部互相推诿的作风曾经让桑布恩先生怒火中烧。他对这家公司的主管说："等保险一到期，我将决不、永远不再与你们进行任何合作。"显然，这个主管并没把顾客的意向告知他的同事。保险到期后，一位叫特蕾莎的女士致电桑布恩先生，若无其事地商谈续保事宜。

桑布恩先生当时非常气愤，"难道档案里没有记录我在你们公司经历了多么可怕的遭遇吗？你知道我与你们过去的合作让我有多愤怒、多懊恼吗？"

沉默片刻之后，特蕾莎说："非常抱歉，桑布恩先生。我确实不知道您过去在我们公司经历了什么。但我可以向您保证，如果您与我们续签保单，您的保险业务将由我亲自负责，我绝不会让您再度失望。"桑布恩先生迟疑地接受了她的建议，特蕾莎确实没有让桑布恩先生失望。桑布恩先生对待工作极为严谨，他绝不会允许有妨碍工作、妨碍进步的事情发生。

桑布恩先生认为，在职场中，妨碍我们进步的有害因素主要有以下几种：

不守时。在这个世界上，有谁愿意长时间等候呢？尽管等待可以锻炼人的耐心，但大多数人早已无奈接受了过量的锻炼。永远要牢记一个事实，那就是大家都喜欢守时的人。明白这个道理的“弗雷德”，能够最大限度地减少客户或同事的等候时间，有时甚至以惊人的前瞻性杜绝等候的发生。

不完美。当客户花费时间和金钱来换取服务时，他们不希望看到任何本可避免的疏漏。不仅客户如此，你的上司和工作伙伴也有着同样的想法。因此，真正的“弗雷德”们都在不断努力，尽量减少工作中出现的“可见瑕疵”。

错误。与不完美相比，工作中的错误更是不能被原谅的。有时候，一个人犯下的错误却需要另一个人来收拾残局，这是工作中最令人烦恼的事情。面对别人所犯的错误，“弗雷德”们往往能够在第一时间成为解决问题的专家。他们敢于直面错误、修正错误、挽回局面，即使错误并不是他们造成的。

愤怒和沮丧。愤怒和沮丧往往是由工作中的不守时、不完美和错误所导致的，“弗雷德”们往往能够通过解决问题来引导他人的积极情绪，从而有效地缓解和消除负面情绪。

骄傲自满的情绪。当我们处于顺境的时候，容易产生骄傲自满的情绪。在工作中，如果不能清楚地看到鲜花背后的陷阱，那么我们的事业将面临危机。因此，不管处于顺境还是逆境，我们都不妨以空杯心态来对待自己的工作。与其等竞争来临时才被迫空杯，不如在顺境中主动倒空自己，让自己永远处于最佳状态。

妨碍我们进步的因素就像是职业道路上的绊脚石，我们每走一步都会有它们相伴。对此，我们要做的不是无休止地跌倒和抱怨，而是审视好脚下的每一步路，在泥沙俱下的表象中找出那些真正有害的障碍，并逐个清除。

第十一章　让工作尽善尽美

杰出是每个人的奋斗目标

桑布恩先生常常在演说中分享自己在华盛顿四季饭店的经历。

那是一个春天的晚上，刚刚结束演讲的桑布恩先生决定在华盛顿多待一晚，第二天一早再搭乘飞机返回丹佛。他事前没有预约旅馆，不过演讲的地点正好在四季饭店附近，他曾经在这家饭店住过，感觉不错，于是信步走进了大堂，思索着该如何跟前台人员商量一下，请他们帮忙腾出一个房间。桑布恩先生原以为，这家饭店和其他旅馆一样，对没有提前预约的客人冷眼相待。出乎意料的是，当他小心翼翼地提出自己的请求之后，前台的年轻女士抬起头，居然微笑着向他问好，而且还能叫出他的名字！当时桑布恩先生立刻就明白，为什么四季饭店在华盛顿才开业短短一年就备受推崇，绝无仅有地赢得了行业内的四星评价。

桑布恩先生认为，一个企业之所以能缔造出卓越的业绩，主要是因为这个企业始终有一群充满斗志的员工，这样的员工时刻以杰出作为自己的奋斗目标，从而推动了企业的创新和进步。而美国著名管理学家Robe Kelley和他的同事们在对贝尔实验室、3M等诸多世界级知名企业的杰出员工作了一次历时十年深入调研之后，得出一个惊人的结论：杰出员工相对于一般员工而言，其杰出的奥秘不在于有非常高的智商，也不在于有非常强的自信或者非常圆滑的社交技巧，而在于他们在本职工作中能踏实工作，能正确地运用良好的个人职业策略，并能真正融入到优秀企业的员工成长机制和文化中。

桑布恩先生将杰出员工的特性归纳为以下七点，这些特性也是我们在工作中追求杰出的努力方向。

第一，以积极主动的态度来工作。杰出员工在工作中积极主动，这是他们与平庸员工的最大差别。

第二，构建属于自己的知识网络和人脉资源。在知识经济时代，人人都需要一个知识网络体系以帮助自己完成任务，杰出员工不仅能够利用人脉建立个人和组织的知识网络，还能够主动成为这个知识网络中很有价值的知识网点。

第三，进行自我管理，对自己的工作绩效负责。杰出员工总有一套与自身特点相适应的自我管理策略，能够在工作中高效地完成预定目标。

第四，扩大自己的视野。杰出员工认为对专业领域知识的深刻与广泛了解是其深入理解与全面洞察工作中种种问题的基础。为了进一步增强洞察能力，以更宽广的胸怀、更宏观的视野面对种种机遇与挑战，他们能够从同事、客户、公司和竞争者的角度看待问题，并在这样的视野的基础上力求创新。

第五，心甘情愿、尽职尽责地当好下属。无数实例证明：公司的成功，总体上说10%取决于高层领导，90%取决于广大员工如何将领导的意图转化为实现公司目标的行动。杰出员工深深地认识到了这一点，因此他们心甘情愿当好下属，做好自己的本职工作。

第六，培养自己的组织协调能力。杰出员工认识到在团队运作中，要想有出色表现，组织协调技能是必不可少的，这种技能使他们与其他员工进行有效的沟通，平衡各方面利益，解决矛盾，实现组织目标。

第七，锻炼自己的表述能力。表述能力是一个杰出员工必须具备的重要技能。这种技能就是收集读者或听众关心的知识和信息，选用最关键的词语把它们有机地组织起来，与人分享。杰出员工时时刻刻在培养这种技巧与能力。

杰出并非与生俱来，更多的是通过后天有意识地自我锻炼获得的。无论我们受雇于怎样的雇主，不管我们所处的职场大环境如何，只要我们始终以工作为本，将杰出作为自己的奋斗目标，坚持以上七条走向职业化、走向杰出的个人职业策略，那么我们的工作绩效将大大提高，我们必将成为能够提升公司核心竞争力的杰出员工。

调高工作目标，看看最优秀的人在做什么

如果我们满足于工作现状，时间久了就难免产生“审美疲劳”和倦怠情绪。主动而适度地调高自己的工作目标，无异于为工作带来一缕新风，不仅不会如很多人所想的那样平添压力，反而会一扫困顿不堪的疲惫，激起前所未有的激情。

加利福尼亚州一家动物园饲养了3只红毛猩猩，它们每天过着十分慵懒而惬意的生活。然而，还不到一年，饲养员便发现这3只猩猩变得闷闷不乐。动物园请来动物专家商量对策，专家们很快开出了治疗药方：每天不要直接投喂香蕉，而是将香蕉放在猩猩经过跳跃、攀爬才能触及的位置，让它们的进食过程具有一定的难度。饲养员听从了专家的建议，3只红毛猩猩很快恢复了健康。

其实，我们就像那3只红毛猩猩，如果工作的流程一成不变、目标唾手可得，我们的职场状态很快就会变得沉闷而了无生趣。如果我们善于

为自己设定更高的目标，激励自己不断跳跃、攀爬，享受努力拼搏的过程，那么每一天的工作都是崭新而充满挑战的。

如果想调高自己的工作目标，让自己的工作能力得到快速提高，最简单的办法就是看看最优秀的人在做什么，观察和借鉴他们的经验，根据自己的实际情况进行调整和运用。

如果说优秀的人是本书，那么优秀就是书中所含的教益。银行家阿瑟·华卡将自己的成功归功于少年时的一次经历。

年少时，华卡在杂志上读到实业家威廉·B·亚斯达的事迹，便非常崇敬他，很希望见他一面，并暗下决心成为亚斯达那样的人。终于有一天，华卡见到亚斯达并询问他成功的秘诀，亚斯达诚恳地说："多结交比自己优秀的人，多看看最优秀的人在做什么，就会迎来成功的一天。"

此后，华卡谨记亚斯达的教诲，并身体力行地实践着这一信条。每见到一个优秀的人，华卡都自觉地进行比照，找出自己在工作中还能调

整和进步的空间，并为弥补这样的差距而不懈努力。不到5年，华卡就如愿以偿，成为一名银行家。后来，每当遇到年轻人向自己讨教成功的经验时，华卡都用亚斯达说过的那句话来勉励他们。

中国有句古话，叫做“三人行，必有我师”。我们了解到最优秀的人的做法之后，就应该向他们学习。同时，我们不能仅仅照搬他人的做法，而要在实践中形成自己的风格与特色。

世界上的“弗雷德”数不胜数，你可以学习自己公司同一部门中的“弗雷德”，也可以向其他部门、行业甚至其他国家的“弗雷德”们取经。看看优秀人士在做什么，并根据自己的实际情况对他们的法则稍加调整，你便极有可能超越简单的模仿，做到真正的创新。

与自己来一场激烈角逐

我们常常把自己和他人进行比较，看看自己是比别人好，还是比别人糟。这种做法本身无可厚非，但是它常常会欠缺一些理性。有的人总是寻找世界级的伟人作为比较对象，于是感觉自己永无出头之日；另一些人则总是将不如自己的人作为比较对象，因此常常自我感觉良好。和这种盲目而意义模糊的比拼相较，与自己角逐则更有针对性和激励性。

在曼哈顿的某一处高级写字楼，有一位年轻的前台小姐因为在工作上勤勉踏实而获得了大家的一致好评。同时，这位前台小姐的长相酷似某好莱坞女星，招来了不少议论。出于礼貌，前台小姐对这件事一直保持缄默。有一天下班时，挤在电梯里的职员又开始谈论这件事情，有人忍不住向前台小姐建议道：“你长得太像那个电影演员了，为什么不去好莱坞试试呢？”言外之意，她在这里做前台似乎有些委屈。这位小姐终于忍不住开口道：“我知道您说的那位演员，她顶多是位三流演员，而我却是一名一流的前台服务员。”顿时，电梯内鸦雀无声。从此，人们再也不讨论这件事情了。

职场上常常是一派杀气腾腾的光景，我们每时每刻都在与他人进行比较，但有时也不要忘了与自己角逐一番。一位屡战屡胜、功勋卓越的大将军，他能否战胜自己内心不得而知。在拿破仑生命中的全盛时期，他几乎让整个地球震颤，然而在战败之后，荒岛上的囚禁生涯让这位曾经不可一世的皇帝感到难以排解的烦闷和痛苦，因而悲叹道：“我可以战胜无数的敌人，却无法战胜自己的心。”

要战胜自己并不是一件容易的事。一般人得意时忘形，失意时自暴自弃；别人看得起时觉得自己很成功，落魄时觉得没有人比自己更倒霉。唯有不受成败得失的左右、不受他人言论所影响，纵然身不自在，却能心得自在，才算战胜自己。比如那位曼哈顿的前台小姐，她时时刻刻以自己的本职工作——接待客户作为挑战的关注点，不断在工作中进行自我升级和进化，最终以成为“一名一流的前台服务员”这一事实漂亮地赢得了这场与自己的角逐。她在这场角逐中所散发出来的光彩，甚至比好莱坞女星的星光更为耀眼。

只有能够战胜自己的人，才是懂得战争王道的高级将领。与其被动地做一颗棋子，不如主动问问自己：任务紧张，我能克服自己的惰性吗？利益当前，我能克服人性中的自私和贪婪吗？我能勇敢放弃稳妥和安逸的环境，成功突破工作的瓶颈吗？与别人的竞争常常给我们带来浮躁和焦虑，但与自己的角逐却能让人清醒，让我们看清自己成长的心路历程，明确自己的努力方向，全心全意地投入到自己所爱的工作中。

提高你的“行商”

敬业工作，如果只有好的想法是远远不够的，还必须高效而到位地执行这些想法。仔细回顾一下，在工作中，我们有多少富有创意、火花四射的想法因为没有及时行动而胎死腹中？其实，总结出完成任务的思想方法和让任务得到切实执行之间存在着巨大的差别。于是，我们有必要引出一个熟悉而陌生概念——IQ。IQ即智商，相信大家早就不陌生了。但这里提到的IQ（Implementation Quotient的缩写）并不是指智商，而是行商。如果说智商是衡量我们“知”的能力的一种量化参数，那么行商（Implementation Quotient）则负责衡量我们“行”的能力。

个人行商的高低主要取决于两个要素——个人能力和工作态度。其中个人能力是基础，工作态度是关键。所以，我们要提高行商，一方面要通过加强学习和实践锻炼来增强自身素质，另一方面则要端正自己的工作态度。如何拥有积极正确的工作态度？关键是在工作中实践好“严、实、快”三字要诀。

一要着眼于“严”，积极进取，增强责任意识。责任心和进取心是做好一切工作的首要条件。责任心的强弱决定执行力度的大小，进取心的强弱决定执行效果的好坏。要提高行商，就必须树立起强烈的责任意识和进取精神，坚决克服不思进取、得过且过的心态。把工作标准调整到最高，精神状态调整到最佳，自我要求调整到最严，认认真真、尽心尽力、不折不扣地履行自己的职责。绝不消极应付、敷衍塞责、推卸责任。养成认真负责、追求卓越的良好习惯。

二要着眼于“实”，脚踏实地，树立实干作风。虽然工作岗位平凡，分工各有不同，但只要埋头苦干、兢兢业业就能干出一番事业。好高骛远，终究是一事无成。要提高行商，就必须发扬严谨务实、勤勉刻苦的精神，坚决克服夸夸其谈的毛病。静下心来，从小事做起，从点滴做起。一件一件抓落实，一项一项抓成效，干一件成一件，积小胜为大胜，养成脚踏实地、埋头苦干的良好习惯。

三要着眼于“快”，提高办事效率。万事留待明天才解决，拖延便会成为久治不愈的绝症。要提高行商，就必须强化时间观念和效率意识，树立“立即行动、马上就办”的工作理念。

在提高行商的过程中，一开始我们不必要求自己所做的每件事都达到百分之百完美。如果你执意要这样做，可能不等你晚上走进家门，整个人便累垮了。然而，我们可以力求自己每天都做一件具有“弗雷德”风格的事情，就像超人利用业余时间拯救纽约市民那样。从平凡到卓越，其实是由无数毫不起眼的小事累积起来的结果。如果我们每天都在工作中做一件像弗雷德做的那样出色的事情，一年就能做365件卓越之事。365次呈现自己最优秀的一面，这对我们自己和这个世界的影响都不容小觑。

像弗雷德那样坚持下去，你的一生定将成为一本记录卓越成就的书。

下篇

执行当如罗文

罗文，美国陆军中尉，1898年古巴独立战争期间，为了与古巴起义军首领加西亚将军取得联系，时任美国总统威廉·麦金莱派罗文去送信，没有人知道加西亚在哪里，罗文却毫不犹豫地接受了这项艰险的任务，他历尽千难万险，在极端艰难的环境下，以绝对的忠诚、高度的责任感和创造奇迹的主动性，把信件交给了加西亚将军。其后，阿尔伯特·哈伯德把罗文如何把信送给加西亚的事迹写成了一本书，罗文的故事以及罗文身上所体现的忠诚、责任、敬业、勤奋、创造精神，随着《把信送给加西亚》这本书在全世界广为流传，罗文也成了主动性、责任心、执行力和创造力的象征。100多年来，《把信送给加西亚》这本书以不同的方式在全世界广泛流传，累计销售近8亿册。

本篇从不找任何借口、带着责任感出发、绝对服从、团队协作、点燃激情等方面入手，分析了罗文能把任务执行好的原因，归纳了罗文高效率高标准执行的特点，旨在提高职场员工的执行力。

第一章　拒绝拖延，接到命令立即执行

临危受命：没有提示，怎么执行

1898年4月，西班牙与美国之间的战争一触即发，美国总统麦金莱急需古巴境内的相关情报，以便和古巴起义军协同作战，一起对抗西班牙殖民者。要想得到情报，美国就必须和古巴起义军首领加西亚将军取得联系。

“到哪儿去找一个能够把信送给加西亚的人？”麦金莱总统问军事情报局局长阿瑟·瓦格纳上校。上校当即回答：“如果这个世界上有一个人能够把信送给加西亚，那么他便是罗文中尉。”

“那就派他去！”麦金莱总统当机立断。

一个小时后便是午餐时间，瓦格纳上校通知罗文中尉到海陆军总部与自己共进午餐。饭桌上他直截了当地问罗文：“下一班去牙买加的船什么时候出发？”

罗文大感意外，但还是回答说：“一艘名叫‘阿迪罗达克’号的英国轮船明天中午将从纽约港出发。”

瓦格纳上校立刻说：“你能乘这艘船出发吗？”

罗文以为这位颇具幽默感的上校又在开玩笑，就顺口回答说：“没问题！”

没想到上校说：“好，吃完饭你就去为出发做准备吧！”

接着，瓦格纳上校严肃地对罗文说："总统派你给加西亚将军送一封信，他在古巴东部的某个丛林里，我现在命令你把信送到他那里，信中有总统的重要指示。为了避免出现任何纰漏，一切能够证明你身份的东西都不能带。如你所知，美国历史上已经有太多这样的悲惨教训，为此类事情而牺牲的人有很多，包括独立战争中的内森黑尔和美墨战争中的利奇中尉，我们再也不能冒那样的险了。我的命令是，你这次绝不能出差错！"

直到这个时候，罗文才意识到瓦格纳上校不是在开玩笑。

随后，瓦格纳上校向罗文大致交代了整个任务的情况："你要知道，如果美国和西班牙宣战的话，你带回的情报将作为整个战略部署的依据。这个任务就由你全权负责了，因此可以说你肩负着重任！任务是这样的：你先坐火车到达纽约港，然后乘船去牙买加，那里会有古巴联络处的人接应你，往后的事情就没有明确的指示和计划了，只能靠你自己随机应变。火车半夜就会出发，祝你一路顺风！"

吃完午餐，在两人道别的时候，瓦格纳上校再一次叮咛道："一定要把信送给加西亚！"

罗文回到住处，开始整理自己的行装。美国和西班牙之间的战争随时都可能爆发，他的任务便显得极为艰巨而重要，只要走错一步便满盘皆输，对国家造成的损害将难以估量。受命于危难之际，罗文第一次感到自己的生命和荣誉都系于一发。他深知，军人的生命属于他的祖国，而荣誉却掌握在自己手中，考验他的时候到了！眼下军情紧急，他已无暇顾及其他任何事情，满脑子都只有一个念头：如何才能把信送给加西亚？

海上历险：用生命来服从的指令

接到命令的第二天中午，罗文在纽约港登船，“阿迪罗达克”号轮船按时起航。一路上，罗文尽量不和别人聊天，以防不小心走漏风声。

船进入古巴海域之后，罗文开始感受到危险，他携带着政府给牙买加官方的身份证明。如果美西在“阿迪罗达克”号进入古巴海域前开战，西班牙人就会按照国际惯例上船搜查。罗文深知自己一旦暴露就会被捕，并被当做战犯对待。一想到这里，他把证明藏进救生衣，直到轮船顺利通过海角之后，他才稍微松了口气。

第二天早晨9点，罗文到达牙买加，和古巴军方联络人拉伊接上头，他们在一起紧急讨论了尽快把信送给加西亚的办法。

4月23日，美国总部发来密电：尽快见到加西亚将军。接到密电的罗文马上赶到古巴军方联络处位于牙买加的总部，和一些流亡的古巴人一起研究下一步的行动方案。就在这个时候，一辆马车飞奔而来。没有任何商量的余地，罗文被带上马车，开始了自己服役以来最为惊险而奇特的旅程。

车夫一言不发，策马飞奔，马车载着罗文驶进雨林，穿过沼泽，又驶上公路，最终在路边的一处林地停下。罗文登上另一辆早已等候在那里的马车又踏上了下一段征途。经过9个小时70英里的奔波劳顿之后，罗文见到了一个身材魁梧留着大胡子的人，他叫格瓦西奥·萨比奥，被指派为罗文的向导。

当天晚些时候，两人走出丛林，走到一处停着一条小船的海湾。很快，他们上了船，格瓦西奥负责掌舵，罗文和另一名助手则负责划船。

离登陆地点还有3英里的那段时间很危险。西班牙武装轻型军舰经常在古巴附近出没，如果与之短兵相接，后果将不堪设想。

大家制订了一个行动计划：白天待在距离古巴海域3英里的地方，趁日落之时快速绕到珊瑚礁后面登陆，在那里一直等到早晨。如果他们被发现，因为身上没有携带任何文件，西班牙人可能只是扣留而不会审问他们。他们还可以果敢沉船，让敌人只能得到几具浮尸。

那一个白天，海面上的空气新鲜宜人，罗文正想休息一会儿，突然听到格瓦西奥的大叫声，原来西班牙的军舰正从几英里之外向他们直冲过来，并命令他们停止航行。

大家都快速地躲了起来，只有格瓦西奥仍然若无其事地站在甲板上，让船只行进的方向与牙买加海岸保持水平。这样，西班牙人会以为小船上的人是从牙买加来的渔夫，从而放他们通过。

当西班牙军舰靠近时，年轻的舰长果然用西班牙语问格瓦西奥有没有钓到鱼。

格瓦西奥用西班牙语淡定地回答道："没有，空忙了一个早上，鱼就是不肯上钩！"

西班牙军舰转头离开，危险暂时过去了。稍事休息之后，大家决定按原计划登陆，他们每人挎上一支威力巨大的步枪，这将是罗文整个任务中最为严峻的时刻。登陆的过程潜藏着巨大的危险，如果被捕就意味着死亡，也意味着无法把信送到加西亚的手上。半夜里，罗文等人终于将锚抛在距离岸边50码的地方。他们在原地等到凌晨才登陆。

经历了几天的生死考验之后，罗文的海上历险结束了。

勇闯丛林：执行需要主动开拓

从两只脚踏上陆地开始，罗文面临着更大的危险。在古巴的土地上，西班牙军队四处屠杀古巴军人和手无寸铁的难民。但是无论有多么艰险，罗文都必须主动前进，将信顺利地送到加西亚手中。

罗文和向导格瓦西奥忍受着炎热，一路奔波，很快就进入了雨林的深处。当他们接近波蒂洛至圣地亚哥的“皇家公路”时，他们的同伴一个个消失在丛林中，转眼只剩下罗文和格瓦西奥了。罗文正想问发生了什么，却看到格瓦西奥将手指放到嘴边，示意他不要出声，赶紧准备好武器。做完这个动作之后，格瓦西奥也消失在丛林之中。

这时，罗文才听到公路尽头传来的马蹄声和西班牙骑兵的军刀声，他也敏捷地躲了起来，随时准备扣动步枪的扳机。幸运的是，那声音又渐渐远去，队友们又从藏身处走了出来。罗文从他们口中了解到，刚才的士兵是来自曼查尼罗的西班牙逃兵，他们是因为缺少食物和受军官虐待才逃跑的。

事情突然变得微妙起来，到底是应该得到这些逃兵的帮助，还是应该小心为妙，离他们远远的？这时，没有一个上级能够给罗文具体的指示，他所能做的就是随机应变。考虑到那些逃兵有可能向西班牙军队报告一个美国人正穿行于古巴的丛林，罗文决定主动出击，仔细审问这些逃兵，决不让他们中的任何一人擅自离开。

罗文的这个决定后来被证明挽救了他的性命。经过审问，有两个逃兵承认了自己的间谍身份。他们本来决定，一到晚上就偷偷溜走，穿过丛林去向西班牙人报告——有人在丛林中秘密护送一个美国军官。

然而事情还没有结束。就在当天夜里，罗文被一声枪响惊醒，发现床前有个人影，很快又出现一个人影，用大刀砍倒了前者。夜半的刺客不是别人，正是之前审问过的一个间谍。原来，他早就和同伴商量好，如果他们不能逃出营地，就派一个人杀死美国军官，以阻止其完成任务。

就这样，罗文又闯过了一道鬼门关。

第二天一早，罗文一行人本应按计划赶路，可是直到晚些时候才找到马匹。就在大家四处寻找马鞍的时候，罗文有点失去耐心了，甚至想不用马鞍赶紧出发。格瓦西奥却说："加西亚将军正在攻打巴亚莫，我们要走很远才能见到他。"后来的事实证明格瓦西奥是对的，他们整整走了4天，要是不等找到马鞍就上路，罗文将会吃尽苦头。

山路崎岖难行，格瓦西奥却显得游刃有余。4天之后，他们终于到了亚拉并在那里扎营。亚拉是古巴的圣地，1868～1878年"古巴十年战争"的第一声自由呼唤正是从那里发出的。又过了一天，罗文和同伴们开始攀登西拉梅特拉山，沿途都是陡峭的悬崖，如果在那里遭到伏击的话，他们将会全军覆没。幸运的是，这样的事情并没有发生。

这一段最为艰难的路程总算在基巴罗森林的边缘结束了，罗文一行来到一间小草房前，草房的周围是一片玉米地，罗文看见屋檐下挂着刚砍下的牛肉，而厨师们正忙着准备木薯面包。原来，美国特使到来的消息早已传遍邻近的地区。

安全回国：荣誉是最高层级的奖励

1898年5月1日，罗文终于到达加西亚将军的驻地，将信成功地送至将军手中。罗文并没有多作停留，很快踏上了返程之路。

返程途中，美西战争已经爆发，四处巡逻的西班牙军队可能出现在每一个海岸和每一条船上，他们的大炮随时都会轰击可疑目标，罗文一旦被发现就意味着死亡，咆哮的大海使他认识到：迎接自己的是一段艰苦的航程。但是，他仍旧和伙伴们信心十足地穿过古巴向北进发。他们很快便到达西班牙人控制的考托河口处，那里有西班牙的炮艇，对岸还构筑了坚固的岸堡。

罗文一行人感到非常疑惑，难道西班牙人已经预先知道了他们的到来？当他们经过谨慎的斟酌，准备起程的时候，暴风雨突然而至，一时间河中浪涛汹涌，大家都不敢贸然下水。然而在岸边也十分危险，因为时值满月，一旦云雾散去，他们就会被悉数发现。这时候，罗文心中只有一个念头：要把握自己的命运。

晚上11点，当他们决定起航的时候，满天的乌云正好遮住了月光。大家各就各位，四个人划桨，一个人掌舵，奋力前行，每个人都有一种风声鹤唳的感觉，好像追击他们的炮声和机关枪的嗒嗒声随时都会响起。小船在浪涛中跌宕起伏，像水中的鸡蛋壳被抛来抛去，好几次都险些翻船，幸亏伙伴们经验丰富，罗文又逃过一劫。

一直到第二天早晨，大家紧绷的神经才松弛下来。几经周折之后，罗文终于在5月12日到达达科维斯特，他没有多作停留，乘晚上的火车赶到了塔姆帕，在那里登上了一列开往华盛顿的火车。

抵达华盛顿之后，罗文没有片刻耽搁，随即向战争统帅部秘书罗素·阿耳戈汇报了情况。罗素·阿耳戈听了罗文的汇报之后，让他再向米尔斯将军汇报。米尔斯将军接到罗文的报告后，立即给统帅部写了一封信，信中写道“我建议将美国第十九步兵部队的一等中尉安德鲁·罗文晋升为骑兵团上校副官。罗文中尉不畏艰险穿行古巴，完成了‘把信送给加西亚’的艰巨任务，为美国军方带回了最为宝贵的情报，他在整个任务中发扬了大无畏的英雄主义精神，表现得十分沉着勇敢，他的事迹将为美国战争史增添光辉的一页。”

在米尔斯将军的陪同下，罗文参加了内阁会议。麦金莱总统的贺信于会后送达罗文手中，总统在信中感谢他把对于美国甚至全世界来说极为重要的信息传达给加西亚将军，同时祝贺他圆满完成了这个艰巨的任务。麦金莱总统在贺信的最后毫不掩饰地表达了对罗文的赞许：“你完成了一项了不起的任务！”

罗文已经把信送给了加西亚，这样的经历对他来说还是第一次。不要问他是怎么做到这一切的，因为一个军人的天职就是：“不问为什么，无条件服从命令，然后去完成它。”

第二章　带着责任感出发

“把信送给加西亚”：责任保障结果

“考验我的时候到了！”罗文在接到“把信送给加西亚”的任务的时候清楚地知道，军人的生命属于他的祖国，而责任却在自己的肩上。罗文在送信过程中所遇到的困难是常人完全想象不到的，他却将信及时送到加西亚将军手中，这不能不说是一个奇迹。归根结底，罗文的成功与他强烈的责任感是密不可分的。对于现代企业来说，责任则是对运营结果最有效的保障。著名的伊莱克斯电气公司，正是建立了无论对工作中多小的细节都要认真负责的“零缺陷文化”，才造就了伊莱克斯冰箱长盛不衰的卓越品质。

童话《绿野仙踪》讲述的是这样一个并不复杂的故事：桃乐丝、狮子、机器人和稻草人结伴前往奥芝王国，寻找传说中的奥芝大法师，希望能从他那里获得解决难题和实现愿望所需要的果敢和智慧。然而，在历尽重重磨难见到奥芝大法师之后，奥芝大法师只告诉他们一个简单的法则：“实现目标的力量，其实就在我们每个人的身上。”不要寄希望于魔法，人人都能用自身的力量解决难题，这便是能为自己开启新生命之门的奥芝法则。

从正视现实到着手解决问题和达到目的，这一切都需要勇气、方法、决心、智慧和诀窍，这些要素都是隐藏在我们身上的潜力，需要我们通过不断努力进行挖掘。怎样才能挖掘出潜藏在我们身上的能力呢？最重要的一点就是在工作中树立责任感。

要想让自己的事业更上一层楼，我们在工作中就要对自己的行为切实地负起责来。在完成工作的过程中，不仅要做那些别人交代的事情，还要主动做那些别人没有交代而自己应该做的事情。无论是什么样的任务，只要关系到企业的发展，我们都应该发挥自己的主观能动性，积极努力地去完成。

一旦树立了责任意识，从前觉得毫无兴趣的工作也会变得有趣，从前觉得不可能完成的任务也能圆满完成。在职场中，我们对自己的工作越是认真负责，从工作中取得的收获和教益就越多。责任感是从许多小事中体现出来的，这就要求我们从小事做起。无论多么无足轻重的事情，只要你能做得比别人好，那就说明你已经将责任这粒种子种在自己的心上了。

责任能激发人的潜能，唤醒人的良知，使我们拥有使命感和认同感，从而保障我们在工作中取得优秀而卓越的结果。

阿基勃特曾是美国标准石油公司的一位小职员，他在出差住旅馆的时候，总是在自己的签名下方多写一行小字，“每桶4美元的标准石油”，经他手的书信及收据上也有同样的一行小字。阿基勃特因此被同事们叫做“每桶4美元”，久而久之，大家甚至忘记了他的真名。

标准石油公司董事长洛克菲勒知道这件事后说：“竟有职员如此不遗余力地为公司宣传，我倒想要见见他。”于是，阿基勃特得到了与洛克菲勒共进晚餐的机会。洛克菲勒卸任之后，阿基勃特成了该公司的第二任董事长。

在很多人看来，在签名的时候多写一行“每桶4美元的标准石油”，也许算不得什么了不起的事情，但了不起的是阿基勃特日复一日、年复

一年地如此，他将“责任”这个词的真谛演绎到了极致。嘲笑他的人中，肯定有不少人的才华和能力都在他之上，可是到最后，只有他凭借“责任”二字成为美国标准石油公司的董事长。

走错一步满盘皆输：责任关乎生死

有时候，责任不仅仅关系到工作目标能否完成，而且还关系到个人甚至国家的生死存亡。想想罗文吧，在把信送给加西亚的整个冒险途中，只要他在任何一个环节将自己身上的责任放到一旁，漫不经心地对待自己的工作，那么随之而来的肯定是难以想象的毁灭性结局。工作有时候就是这样，我们的任何一点疏忽都将使我们付出高昂的代价。当悲剧发生之后，不管那些缺乏责任意识的人如何呼天抢地、追悔莫及，结局也不会因此而改变。

当英国远洋运输公司的救援船到达出事地点的时候，“环大西洋”号海轮已经消失了，21名船员不见踪影，海面空留一个救生电台发着有节奏的求救信号。救援人员呆呆地望着平静的大海，谁也想不通在这个海况极好的地方到底发生了什么，竟使这条最先进的船沉入海底。就在这个时候，有人发现电台下面绑着一个密封瓶，瓶中有一张纸条，纸条上有用21种笔迹写下的沉船日记：

一副理查德：3月21日，我在马尼拉港偷偷买了一盏台灯，想给妻子写信时照明用。

二副瑟曼：我看见理查德将台灯拿回船舱，只是说了一句小台灯底座轻，遇到船体颠簸时别让它倒下来，但没有过多干涉。

三副帕蒂：3月21日下午船离港，我发现救生筏施放器有些毛病，便将救生筏绑在架子上。

二水戴维斯：我在进行离岗检查时，发现水手区的闭门器损坏，便用铁丝将门绑牢。

二管轮安特尔：我检查消防设施时，发现水手区的消火栓部分锈蚀，但我想还有几天就到码头了，便决定到时候再进行更换。

船长麦凯姆：起航时实在是太繁忙了，没有时间细看甲板部和轮机部的安全检查报告。

机匠丹尼尔：3月23日上午理查德和苏勒房间里的消防探头连续报警，我和瓦尔特进屋检查却并未发现火苗，于是判定为消防探头误报警，遂将其拆掉交给惠特曼，要求换新的。

机匠瓦尔特：我就是丹尼尔提到的瓦尔特，我表示他所说的一切属实。

大管轮惠特曼：我对瓦尔特和丹尼尔说，我正忙着呢，过一会儿再拿给你们。

服务生斯科尼：3月23日13点我到理查德房间找他，发现他不在房间，我便在床上坐了一会儿，随手拧亮了他的台灯。

大副克姆普：3月23日13点半，带苏勒和罗伯特进行安全巡视，走到理查德和苏勒房间门口的时候，我只对苏勒说了句“你们的房间自己进去看看”。

一水苏勒：我笑了笑，并没有进房间，而是继续跟在克姆普后面检查其他的房间。

一水罗伯特：我跟在苏勒后面，也没有进房间。

机电长科恩：3月23日14点，我发现跳闸了，跳闸现象司空见惯，我便没有多想，直接将闸合上，没有查明跳闸的原因。

三管轮马辛：我突然感到船舱空气不好，便打电话到厨房询问，在了解到没有异常后，就让机舱人员打开通风阀。

大厨史若：我接马辛的电话时，还和他开玩笑：“我们这里有什么问题？你还不来帮我们做饭？”然后又问他：“我们这里都安全吗？”

二厨乌苏拉：我同样感觉空气不好，但总觉得我们的船很安全，就继续做饭。

机匠努波：我接到马辛的电话后，立即打开通风阀。

管事戴思蒙：14点半，我召集所有不值班的人到厨房帮忙准备晚上的会餐。

医生莫里斯：我没有巡诊。

电工荷尔因：虽然晚上该我值班，但我还是跑进餐厅尝了一块美味的火鸡肉。

最后是船长麦凯姆写的话：19点半发现火灾时，理查德和苏勒的房间已经被烧穿。情况糟糕透了，我们完全没有办法控制火势，火越烧越大，直到整条船陷入火海。我们每个人都犯了一点看起来不大的错误，却酿成了船毁人亡的悲剧。

责任往往体现在细节中，走错一步满盘皆输。“环大西洋”号海轮上的每个人都只错了一点点，结局却是毁灭性的。如果我们用关乎生死的态度来对待自己肩上所担负的责任，其实很多悲剧都可以避免，我们在工作中的执行力也会得到大幅提高。

没有不可能完成的任务，只有不负责的人

我们常常感慨工作的难度大、时间紧、任务重，却很少有人问自己：我对这项工作的责任感究竟有没有到位？做事没有责任感，最为轻松的小事做起来也会感到重抵千斤；带着强烈的责任感行事，难以完成的重任也能举重若轻。

在一次野外拓展训练中，一群陌生人组成了一个团队。他们需要完成4项任务，如果有一个人没有完成，那么输掉的将是整个团队。

一开始一切都很顺利，队员们一个个都表现出了英勇果敢和团队协作的精神。很快，这支叫做“狂飙”的队伍已经完成了高难度的前三项考验，只剩下最后一项任务了，这项任务叫做“胜券在握”，要求队员必须爬到一根10米高的立柱上，然后站到立柱顶端的圆盘上，向斜前方纵身一跃，凌空握住距自己1.2米远的一根横木，这才算完成任务。训练营的管理人员说，很多人一站到圆盘上就根本不敢站起来，个别胆子特别小的女生甚至会被吓哭，更别提顺利完成任务了。

值得欣慰的是，一个年轻而健壮的男孩第一个完成了任务。在他的鼓励之下，团队中的其他人也都不甘示弱，大家在相互鼓励之下，一个接一个地完成了这项艰巨的任务，最后只剩下一个柔弱而娇小的女生，颤抖着站在高高的立柱之下，她需要独自完成这个对她来说几乎是不可

能的任务。在此起彼伏的“加油”声中，这名女生迈开了爬上立柱的第一步。

攀爬立柱的过程并不困难，然而要想无所畏惧地站在立柱顶端的圆盘上却是一个巨大的考验。当这名女生站到圆盘上的时候，她的腿抖得厉害。虽然大家都觉得整个团队可能会因她而失败，但还是给了她最热情和真诚的支持、鼓励和指导。在那个时候，输赢好像已经不那么重要，大家只是觉得不能让她一个人落下，因为这是一种共同的责任。既然她是团队中的一员，这个集体中的每个人都有责任帮助她通过考验。

在大家的鼓励下，那个柔弱的女孩站在圆盘上小心翼翼地试探着。虽然抓住横木对她来说是极为困难的事情，但大家还是拼命为她加油鼓劲。过了一会儿，这个女孩似乎下定了决心，却又显得有些孤独，有些无助，还有些胆怯。

短暂的犹豫之后，她飞身一跃，所有人都情不自禁地闭上了眼睛。等大家的目光回到这个女孩身上时，她已稳稳地抓着横木，她成功了，迎接她的是雷鸣般的掌声。后来这个女孩告诉大家她有轻度恐高症，但是她又说：“我不能放弃，作为团队的一员，完成这个挑战是我的责任。”

责任是一种神奇的原动力，它能让人战胜胆怯、勇往直前。在真正的责任感面前，所谓“不可能完成的任务”不过是一只纸老虎。无论何时何地，强烈的责任心总能激发我们对工作的无限潜能，让我们在工作中创造出令人惊叹的奇迹。

荣誉和尊重是责任的孪生兄弟

在今天，像罗文那样的人实在是太少了，他们忠诚可靠、足智多谋、认真负责而又充满活力，将任何工作交给他们都能让人完全放心。

在如今这样一个充斥着利己主义、机会主义的社会，我们可以看到很多人在工作上拖拖拉拉，在生意上狡诈而缺乏诚信。当大家都只顾个人利益，将责任放在一边的时候，尊重和荣誉也就被相应地扔到了一边。

与置身于危难的罗文不同，“盛世爱国者”和“风平浪静时的水手”往往一抓一大把。当所处的集体时运昌盛，荣誉和尊重能够轻易获得的时候，很多人都跃跃欲试。然而，以这样的态度获得的荣誉和尊重，就像是暴发户装饰客厅所用的书籍一样，并不能够真正使他们变得博学，也无法提升他们的精神境界。

真正的荣誉和尊重是责任的孪生兄弟。罗文之所以被无数人视为精神偶像，就是因为他甘愿冒着生命危险去履行自己的职责，不计任何荣誉、奖励和回报。正如天上永远不会掉下馅饼，我们也永远不该妄想任何不用负责就能得到的荣誉和尊重。同时，在你得到荣誉和尊重的同时，也意味着更多的责任将会随之而来。

很多时候，艰苦和磨难是对责任感的最佳考验。如果你是一名战士，就不应该害怕战场上的危险和死亡，而应该服从命令，严谨而强有力地去执行自己的任务；如果你是一名家长，就不应该抱怨家有儿女的辛苦和麻烦，而应该尽到自己做父母的责任，努力使自己成为一个好爸爸或好妈妈；如果你是一名企业员工，那么也应该像战士一样冲锋陷阵，为集体和自己的荣誉而战。

为荣誉和尊重而战，实实在在地肩负起自己的责任，你的事业将不再是“做一天和尚撞一天钟”的简单重复，它将上升为一场精神层面的竞技比赛。在这场比赛中，你将化身为职场的精神战士，在战胜对手的过程中所经历的磨砺将使你具备克服一切障碍的勇气。

为荣誉和尊重而战，崇高的目标将使你不再轻易屈服于自己的惰性，不再瑟瑟发抖地面对自己内心深处的恐惧。在这场比赛中，你将成为拯救自己的超人，以惊人的毅力和决心履行自己的职责。

现代社会中，我们容易陷入只考虑自己、患得患失的泥潭，忘记自己身上的职责，忘记荣誉和尊重是一个人的脊梁。你在工作中有没有像罗文那样历经千难万险也要把信准确及时地送到加西亚手中的责任感，直接决定了你是永远佝偻着苟且偷生还是站成一个大写的“人”，是把光荣和梦想葬送在庸庸碌碌的人生里还是勇敢地站在人生的舞台上接受鲜花和掌声。

第三章　别让借口成为绊脚石

问题即借口：职场没有“十万个为什么”

当总统麦金莱把写给加西亚的信交给罗文的时候，罗文只是郑重地接过那封信，并没有问：“加西亚在什么地方？我要怎样才能找到他？沿途应该取道陆路还是海路？什么时候必须送到？加西亚将军长什么样？”

像罗文这样从来不问多余问题的人，在今天的职场简直是一种稀缺资源。在听惯了太多的借口和无益于执行的问题之后，身心俱疲的职场主管们面对像罗文这样的下属会如获至宝。在有些场合，罗文的少言寡语简直就是一种美德，我们甚至应该为他塑造铜像，放在各大学的校园中，以表彰他的精神。

之所以应该让罗文的塑像进入校园，是因为今天的年轻人所缺乏的其实并不是灵活的头脑和书本上的知识，也不是他人传授的种种纸上谈兵的教诲，而是一种可贵的执行力：对上级的指示迅速采取行动，全力以赴地完成任务——一种“把信送给加西亚”的精神。

那些缺乏建设性的问题往往暴露出一个人在工作中拖拖拉拉、漫不经心的态度。只问问题是无法将你引向成功的，除非上帝大发慈悲创造奇迹，派一名专门回答“十万个为什么”的天使下凡相助。

只需要留心现实工作中的种种场景，我们便能对“问问题，找借口”的人性有所了解。假如你是办公室主管，可以随时给6名职员安排任务。你把其中任何一个人叫到面前，请他帮你查一查百科全书，将玛丽莲·梦露的生平整理成一篇摘要。

十有八九，他不会立即去执行，而是用抵触的眼神盯着你，满脸疑惑地提出一个或好几个问题。

玛丽莲·梦露的生平谁不知道呀？

我应该去查哪套百科全书？

百科全书放在什么位置？

这是我的分内事吗？

为什么不叫凯文去做呢？

什么时候要？急不急？

你为什么需要梦露的生平？你也对她感兴趣？

我大学所学的专业并不是电影史或者图书文献学，要不我帮你找其他人？

就在你气不打一处来，快要晕倒在自己的办公椅上时，没准他还会给你最致命的一击：

需不需要我把百科全书拿过来你自己查？

这些问题所反映的是一种不负责任的推诿态度和急于为自己找借口的职业习惯。仔细反省自己，我们在接受任务的时候是不是也常常会问诸如此类的问题。就算上司很有耐心地替我们一一解答，我们往往还会将责任推给另一个同事，嘱咐他去帮自己“寻找加西亚”。

真正有执行力的员工，一定要拒绝“十万个为什么”式的漫无边际的提问，要知道问的无关问题越多，为拖延执行所找的借口也就越多。在沟通无误的基础上，不妨多用“知道了”、“这就去”这样的回答来代替毫无意义的提问，真正用自己的主观能动性去解决问题、完成任务。

要结果不要解释：四句话足以响应一切工作

位于哈德逊河畔的西点军校为美国各行各业输送了很多精英人才，“没有任何借口”是西点军校奉行的最为重要的行为准则。“没有任何借口”的核心思想是：强化每一位学员竭尽全力完成任何一项任务的能力，而不是让他们为没有完成的任务去寻找借口，哪怕是看似合理的借口。

因此，西点的每一位新生入校的第一课，便是由一位高年级学员冲着他们大声训导。这位学长将告诉他们，不管是在什么时候遇到学长或军官问话，学员都只能用四句话作为回答：“报告长官，是”；“报告长官，不是”；“报告长官，没有任何借口”；“报告长官，我不知道”。除此之外，任何多余的回答都是不被允许的。

曾经有一位西点学员被军官问到为什么不把自己的鞋子擦亮，他回答说没时间擦，结果遭到了军官的一顿训斥。军官看重的只是结果，而不是喋喋不休、长篇大论的辩解。

有一位出身西点的将军在回忆录中写到，西点让他明白一个十分重要的道理：如果你不得不带兵出征，那就不要去找什么借口，立即给部属们的母亲写信吧。如果你不得不接受化疗，消除脑中的肿瘤时，那也不要找自我怜惜的托词，你所能做的就是配合医生接受治疗，为自己过去的不良生活习惯或是对健康的疏忽埋单。如果你不得不解雇公司的大部分员工，那也没什么深感内疚之类的借口，因为你本该预见公司将要遭遇的逆境，并提前寻找对策解决问题。

“不容解释”的文化看起来似乎很没人性、很僵化、很不公平，但

是正如本书前言中所说的那样，人生中的很多事情都不能保证绝对的公平。无论身处什么样的环境，遭遇什么样的不幸，对于已经下达的命令和制订的计划，我们都必须学会无条件地执行，对自己的一切行为负责到底。

“不容解释”的文化之所以应该被首肯，还在于有的事情确实不允许我们解释。西点军校的学员在校时只是二十刚出头的男孩女孩而已，但他们日后肩负的是自己和部队的生死存亡，乃至整个美国的安全。在性命攸关的紧急时刻，你还能到什么地方去找借口？就算找到了借口，我们的生命早已毁灭。

如果不是秉持“没有任何借口”这一最重要的行为准则，罗文想要把信送给加西亚将军是不可想象的。那封信如果送不到加西亚将军手中，美西战争的局势也许会发生质的变化，而罗文的祖国——美国的安危也将另当别论。

一个企业其实也是一个小小的王国，因此每个企业都需要像罗文那样的员工。如果每个人都能执行到位，其实我们只用四句话就足以完成对工作的一切响应。勇敢摒弃一切多余的解释，将有助于我们养成毫不畏惧的决心、坚强的毅力、完美的执行力，以及把握每分每秒去完成任务的信心和信念。

别让陶醉变成麻醉：已经取得的成就不是借口

一定程度上的自我陶醉有助于个人自信的建立，但过分的自我陶醉就变成了一种自我麻醉。这种麻醉的危害有三：一是容易使自己脱离集体，与工作伙伴产生隔阂，给工作和人际交往带来很大麻烦；二是容易使自己故步自封，为拒绝进步寻找看似合理的借口；三是会让自己的认知面变得狭窄，缺少与外部世界的联系和看问题时客观理性的态度。

在工作中，很多人常常拿已有成就当借口，纵容自己停步不前甚至腐化堕落。他们在任务刚下达的时候，就已经在心里努力寻找各种借口了；如果在执行的过程中取得了一些阶段性的成果，他们就更容易陶醉其中，用过去的胜利为自己编织出更多的借口。如何克服这种焦躁情绪，享受执行结果带来的喜悦而不沉迷其中？这个问题同样需要西点军校式的回答："报告长官，没有任何借口！"

这句话并不是鼓励人们隐藏自己的问题和观点，而是鼓励大家拥有一种自我负责的精神和自我反省的意识。回答"没有任何借口"的过程，也是我们快速进行自我检视的过程：我真的没有任何借口了吗？我现在的行为方式能不能达到想要的结果？我是不是将一切事情都做到了最好？“报告长官，没有任何借口！”经常这样提醒自己，通过正确及时的自我反省戒除编造借口的习惯。每当我们对自己的成功念念不忘的时候，想一想这句话，这样我们就不会沉浸在过去的成功之中头脑发昏、沾沾自喜了。

要想避免自己被过去的成就麻醉，我们还应该有一颗虚怀若谷的心。一个人就算才华出众也要懂得收敛锋芒，要有“好汉不提当年勇”的心态和不耻下问的勇气，以积极恳切的心态迎接事业中的每一次进步。在团队合作中，我们则应该在坚持自己的观点和创新想法的同时，兼顾其他人的感受，给予他人足够的尊重，学会聆听他人的意见和想法，对整个团队富有爱心和责任心。在处理日常同事关系时，我们要积极地与他人沟通，努力尝试换位思考，多与他人互动，积极接收反馈和批评建议，力求多角度地思考问题。

已经过去的事情不是最重要的事情，最重要的事情永远在前方。已经赢得的赞扬和奖赏更大程度上只是取悦了他人，对于我们自己来说，不断向梦想和目标奋进才是真正发自内心的诉求。古人早就教育我们要胜不骄，败不馁。展开整个人生的长卷，再大的成就也只是这幅长卷中华彩的一笔而已。已经取得的成就，不应该成为我们停滞不前、倦怠拖延的借口，而应该成为我们不断前行的动力，成为我们继续执行的动力。

立即执行：借口的最高终结者

立即执行是一个人最优秀的品质，也是一个人除勤奋、勇敢、守纪和热情之外最为重要的一种素质，也是让借口消失的最佳方法。任何一项任务，如果你不去做，你就会找到借口；如果你去做，借口就会自动消失。

并不是所有的成功者在行动之前就能做好一切准备，很多人往往是在与困难正面交锋的时候才想出克服的办法的。不能当下执行，再好的构想也会落空。与之相反，即使原本的计划平凡普通，如果能在有效的执行中不断发展完善，也能取得出人意料的成果。

约翰·梅耶是硅谷一位白手起家的芯片供应商，他时常对自己的下属说："一直考虑问题而不去执行，是做不成任何事情的。"很多上好的计划，往往就是在你一直说"我现在就去执行"的过程中失掉执行的最佳时机的。为了避免"万事俱备，空候东风"所带来的巨大损失，我们需要切实地执行自己的计划，在实际执行的过程中解决遇到的问题。

中国古代智慧告诉我们"纸上谈兵不可取"的道理，而拿破仑也认为天底下最悲哀的事情就是为"当时应该那样做却没有那样做"而后悔。

立即去做永远是取得成功的重要法则，立即执行，终结借口，我们才能变得更加成熟。所谓"骑驴找马"就是，先定下一个目标，向着目标迈进，再不断修正和调整自己的目标。

执行力的强弱，已成为衡量一个企业是否强大的关键因素。同样，一个具有执行力的员工，永远能用行动将借口扼杀在襁褓之中，从而使自己出色地完成任务。

山姆原来只是一家银行的普通职员，后来成功地被一家建筑公司聘用为出纳。在这家建筑公司工作6个月之后，他想试试自己是否能够得到提升，于是就直接写信向老板毛遂自荐。老板答复他，"任命你监督公司新的工程项目，但不能保证加薪"。

山姆只是一个出纳，不具备任何工程专业的知识，连图纸都看不懂。但他不愿意放弃任何机会，于是他先接受了老板的任命，然后花钱找到一些专业技术人员监督工程进度，最终顺利地完成了新的建设项目，还比计划完成时间提前了一个星期。最终的结果是，山姆不仅获得了提升，薪水也比以前提高了10倍。

“我知道你看不懂图纸，”老板后来对山姆说，“如果你随便找一个理由拒绝我的任命，我可能会辞退你。但你立即揽下这一切并马上开始执行，我最欣赏这种不找任何借口的人！”

富兰克林说过：“把握今日等于拥有两倍的明日。”“现在”这个词对职场的成功有着决定性的意义，因此也成为优秀员工行事日程上的核心词，相反，“明天”、“下个礼拜”、“以后”、“将来某个时候”或“有一天”都是永远无法终结的借口，它们经常被平庸的员工挂在嘴边，成为令他们在工作中停滞不前的惯性力量。无论做什么工作，只停留在嘴上是不够的，关键要落实在行动上，只有立即执行才能立即终结各种各样的借口。

第四章 锁定目标，瞄准执行的核心

个人目标融入集体目标

佛祖释迦牟尼曾问自己的弟子：“给你一滴水，怎样才能让它不干涸？” 对于这个问题，众弟子都没能回答出来，而释迦牟尼只是简单地说：“将这滴水放进大海里。”

个人目标只有融入集体目标，个人才能获得持续的发展，单独的一滴水不仅寸步难行，而且随时都面临蒸发的危险，更不要指望它能有所作为了。如果融入江河湖海，这滴水便能灌溉大地、滋养生命。

公元前71年，古希腊角斗士斯巴达克斯领导了一次奴隶起义，这支起义军曾两度击败罗马大军，但最终还是在罗马大将——克拉苏的长期围攻下失败了。克拉苏对斯巴达克斯队伍中几千名幸存的奴隶说：“你们过去是奴隶，将来也还是奴隶。但罗马军队慈悲为怀，只要把斯巴达克斯交出来，你们每个人都可以获得一条生路。”

长时间的沉默之后，斯巴达克斯站起来说道：“我就是斯巴达克斯。”没想到他旁边的人也站起来说：“我才是斯巴达克斯。”余下的人纷纷效仿，最终所有的奴隶都成为“斯巴达克斯”。

这个故事的真实性我们无从考证，但这样的队伍虽败犹荣、令人动容。故事感动我们的地方在于：每个人都愿意站出来受死，说明他们的个人目标和集体的目标具有高度的一致性，那便是获得自由。正是这种协调统一，造就了这支队伍中成百上千个“斯巴达克斯”。我们不难想象，在获得自由的目标的统领之下，这支队伍的执行力是多么强大。

提出需要层级理论的心理学家马斯洛晚年对杰出的团队进行过研究。他发现，杰出的团队最显著的特征便是，团队的成员拥有共同的愿景和目标。在那些十分卓越的团队里，个人目标与团队愿景甚至达到了水乳交融、密不可分的境界。

罗文中尉同样身处一个非常伟大的团队，无论是美国总统麦金莱，还是军事情报局局长阿瑟·瓦格纳上校，无论是向导格瓦西奥，还是沿途帮助他们的流亡者，这些人都拥有着一个相当一致的目标——把信送到加西亚将军的手上。正是因为具备了这样的前提条件，罗文才有机会出色地完成任务。

在一个团队中，集体目标起着领航作用，但即使掌握好了方向，如果船行驶得太慢，团队也不可能在竞争的海洋中自由驰骋。因此，在组织运转中，配合就显得十分重要。而配合的前提条件，正是将个人目标融入集体目标。

将个人目标融入集体目标，能将个人的注意力投向部门及企业的整体业绩，而不仅仅是自己的薪水和升迁机会。这样的员工将拥有更加广阔的视野，他们不仅能够认真考虑自己乃至自己所在的部门与整个组织目标之间的关系，还能进一步从客户或消费者的角度去考虑问题。

将个人目标融入到集体目标中，可以增强我们对自己工作的认同感，从而使工作热情和效率得到很大的提高。个人的成功算不上真正的成功，团队的成功才是最大的成功。一个人要实现自身的价值，最终还得将个人目标融入到集体目标中。

不打无准备之仗：1小时计划＞3小时苦干

如果我们想要提高自己的执行效率，那么我们对工作的统筹安排和计划就显得十分重要。一日之计在于晨，一年之计在于春，而一生之计在于计。如果对职业生涯和具体工作没有明确的计划，无论你在职场如何苦心经营，收获恐怕都会十分有限。有计划不一定能成功，而没有计划一定不能成功。人生需要计划，职业需要计划，而执行工作中的每一个任务也需要计划。

福克斯电视台有一档互动节目叫做《超市大赢家》，参加比赛的选手要在10分钟内从超市货架上拿走价值300美元的商品。谁抢购的商品总价值最接近300美元，谁就胜出。

如果你留意过这档节目，便会发现，每次主持人一声令下之后，总有些选手立即冲向错综复杂的货架深处，开始盲目地将各种各样的商品塞进推车。而另一些选手往往先花一分钟列出一个刚好能凑足300美元而物品体积又不至于太大的购物清单，再花一分钟研究超市的购物向导图，最后才开始不慌不忙地行动。

哪一种选手比较容易获得比赛的胜利呢？毫无疑问，是后者，他们的两分钟计划为自己带来了5分钟甚至更多的时间收益。平时的工作也是如此，花1小时制订计划所带来的收获往往要多于3个小时埋头苦干所带来的收获。

遗憾的是，很多人并没有看到计划的重要性。他们往往过于性急，总是盯着目标不放，马上就开始漫无目的的行动，仿佛在思考全局上多浪费一分钟都是一种罪过。事实上，正是这种心理让他们产生更大的失误，因为没有方向、误打误撞所耽搁的时间要远远多于制订计划所用的时间。

身在职场，我们常常会遇到这样的情况：工作做起来没有头绪，完全无从下手，完成之后才发现执行的结果离公司和自己想要的效果相去甚远。其实，这种情况多是由于做事毫无计划造成的。在这里，我们有必要为当下执行赋予一些新的含义：与其马上投入到细枝末节的具体工作中，不如首先进行充分的准备和全局的考量。

罗文和他的团队显然对无准备之仗的危害性有非常深刻的认识。所以，罗文宁愿在牙买加停留数天之久，与自己的同伴一起进行周密的筹划，也不立即行动。从罗文身上，我们应该学习到制订计划时应该遵循的两个原则。

首先，让个人目标与集体目标协调一致。这一点在本书的上一节已经有详尽的阐述。

其次，计划要合理而具有挑战性。在把信送给加西亚的途中，如果罗文不在海上静候登陆时机，而是逞匹夫之勇一味挑战西班牙人的哨岗，后果将不堪设想。

总之，在执行一项任务之前，如果我们能够很好地遵循以上提到的两个原则，那么我们就会渐渐克服拖拉、懒惰、推诿和依赖的恶习，养成制订计划的良好习惯，最终令自己在职场中脱颖而出。

“只要加西亚看见”：宏观目标指引行动大局

纵观“把信送给加西亚”的整个过程，有一个问题是我们不得不考虑的：指引罗文不断向前的宏观目标是什么？显然，这个目标不是欣赏牙买加海域的景色，不是躲避暂时的危险，不是感受潮热雨林的热带风情，也不是沿一条前人从未走过的曲折路线抵达古巴……“信上的内容很重要，一定要让加西亚看见”，这才是指引罗文不断向前的宏观目标。

要想让宏观目标很好地引导自己，我们还需要有直指结果的导向意识和大局意识，不能被各种无关紧要的细节分散注意力。

美国一家大公司在招聘时特别注重考察应聘者专心致志、直指目标的作风。这一作风的考察通常由该公司的总裁亲自出马。

现任经理哈瑞是这样回忆自己应聘时的情景的：“那是我人生中最重要的转折点，在那次应聘之后，我明白了一个人如果不能为了总体目标专注于自己的工作，那么他永远也抓不住成功的机会。”

面试那天，公司总裁递给哈瑞一份长达5页的公司章程，“请你把公司章程一字不漏地朗读一遍，最好一刻也不要停。”说完，总裁便走出了办公室。哈瑞心想这个要求实在是太简单了，他深深地吸了一口气，便开始认真地朗读起来。过了一会儿，一位漂亮的红发女郎飘然而至，“先生，先停下来休息一会儿吧，请用茶。”她把茶杯放在桌上，搔首弄姿地冲着哈瑞微笑。但是，哈瑞十分不解风情，对红发女郎的殷勤不理不睬，仍不停地朗读。

红发女郎离开之后，又有一只可爱的小鹿犬伏在他的脚边，不断用舌头舔他的脚踝。哈里只是本能地移动了一下他的脚，却丝毫没有放慢自己的阅读速度。看起来，他似乎也不知道有只小狗趴在自己脚边。

公司章程终于读完了，哈瑞暗暗松了一口气。就在这个时候，公司的总裁走了进来，问哈瑞：“你注意到美丽的红发女郎和可爱的小狗了吗？”

“没有，先生。”

总裁故意说：“那位小姐可是我的秘书，她待你如此热情，你居然

都没有答理她。”

哈瑞严肃地说：“既然你要我一刻不停地读完那篇公司章程，我便只想着如何集中精力去读好它。这次面试关系到我的前途，我必须有大局观，把注意力集中到最为重要的事情上。”

公司总裁听完之后，非常满意地点了点头，“你表现得非常不错，我们决定正式录用你！在你之前有50个人参加面试，却没有一个人能够通过美女和小狗的考验。”总裁说，“在芝加哥，像你这样有专业技能的人固然很多，但像你这样着眼大局、专注目标的人却是凤毛麟角！祝贺你，小伙子，你会很有前途的。”

为了完美地执行任务，我们不妨先拟定一个清晰、明确的行动指南，之后便经常以这一行动指南提醒自己，时时不忘将宏观目标转化为详细的计划并进行有效的执行。长此以往，我们便能获得宏观导向的绝对优势。

“422次百米跑”：细化目标才能专注执行

仔细回顾一下自己那些半途而废的失败经验，很多时候并不是因为困难本身难以克服，而仅仅是觉得与成功相距较远。你有没有想过，如果把一段很长的距离分解成若干距离段，那么每跨越一个距离段，你就会卸下一个沉重的包袱。细化目标可以让你明确自己当前需要做什么，怎样才能做得更好。

缺乏目标则难以成功是我们的共识，但很少有人意识到目标过大不利于成功的问题。那些足以吓退任何人的目标必须被划分成很多容易实现的小目标，否则你将在很长一段时间内看不到成果，持久的疲惫感将使你渐渐滋生出懈怠情绪，甚至认为没有成功的希望而放弃目标。

一口吃不成大胖子。对于工作，有些人总幻想能够一步登天，一劳永逸，这是很不现实的。真正成就大事的人，总是善于大处着眼、小处着手，化整为零，一点一点地“吃掉”自己的计划。将宏观的目标分解成许多具体的小目标，分阶段逐一实现，你便能在每一次的进步中品尝成功的喜悦，继而以更充足的动力去实现下一阶段的目标。

在1984年的东京国际马拉松邀请赛上，名不见经传的日本选手山田本一爆出冷门，获得了世界冠军。当记者问他获胜的秘诀时，他说：“我是凭智慧战胜对手的。”

在两年后的意大利国际马拉松邀请赛上，山田本一再次夺冠。这一次记者又请他谈经验，性情木讷的山田本一仍旧是那句老话：“用智慧战胜对手。”

许多人都深感迷惑。

10年后，山田本一终于在自传中解开了这个谜。他在自传中说：“每次比赛之前，我都要乘车把比赛的线路仔细看一遍，并记下沿途比较醒目的路标。比赛开始后，我便力求以百米赛跑的速度向第一个目标冲去；在到达第一个目标后，我又以同样的速度冲向第二个目标。你们想想看，40多公里的赛程，看上去是那么可怕，而这段令人望而生畏的赛程经由我的分解之后，不过是422次百米跑而已。”

再说回工作，我们以销售为例。派克是一位业绩出色的推销员，他一直都希望自己能成为业绩最好的金牌销售员。一开始，这个愿望仅仅是个愿望，直到3年后的一天，他受到杂志上一句话的启发：如果让愿望更加明确，就总会有实现的一天。于是他细化了成为金牌销售员的目标，计划以5个百分点为一级台阶，逐步提升自己的销售业绩。这个尝试激发了派克的热情，最终使他达到了自己的心愿。

我们的目标越明确，就越感到自己对达到目标有着强烈的信心与决心。派克成为金牌销售员之后，又着眼于细化更宏观的人生目标，这些目标包括地位、收入、能力，甚至是自己多年后在行业内的口碑。

如果我们也能像山田本一那样用“422次百米跑”来解构自己的人生宏愿，像派克那样用目标细化的意识来经营自己的事业，相信每个人都能在职业的道路上越走越顺。

第五章　绝对服从，让执行零偏差

服从没有中间态：要么退出，要么全力以赴

服从，在西点人的观念中无异于一种绝对的美德。

西点军校有一门必修课——列队。200年来，西点军校的学员天天都要重复这件事情，一方面是进行点名，更重要的则是提醒每一位西点学员：在西点，服从是第一位的。在这里，个人要绝对服从于集体。

“所有学员请注意：5分钟内集合并进行餐前训练，请大家在野战夹克里穿上作战服。”上午11点55分，天气寒冷，哈德逊河畔北风呼啸，寒风穿过西点平原，冲击着美国陆军军官学校的花岗石教学楼。

营房里的新生都站立着严阵以待，各自在心里默默计算着离规定的餐前集合还有几分钟。过道里每隔50英尺就有一座钟，既方便大家看时间，又让时间在这里产生了一种奇妙的压迫感。

无论是严冬还是酷暑，西点军校的学员每天都要进行至少两次的集合操练。“集合！”教官一声令下，松散的学员立刻排出整齐的队形。“立正!”教官再次下令，于是所有人立即笔直挺立，目视前方。

在西点军校，学员的态度只有服从和不服从之分，没有含糊的中间地带。如果你绝对服从，便可以在这样的集体中容身并获得认同；如果你不服从，就只能请家长把你接回家去，去选择那些气氛宽松、强调个人自由发展的常春藤联盟大学。在西点军校，所有人都坚信一个理念，

那就是“不管教你做什么都照做不误”。军人职业要求的第一要义便是服从，不学会服从就不能在军队中立足。

1945年6月30日，布雷德利将军在将巴顿将军的工作能力报告装入“201档案”时，为他写下了一句不同寻常而又符合情理的评语，“他总是乐于并且全力以赴地支持上级的计划，而不管自己对于这些计划有些什么看法”。

在任何一个细节上，西点军校的学员都用极致的表现体现着“服从”二字。他们住在冰冷的军营里，在上午9点30分之前不能往垃圾桶里倒垃圾，水池必须始终保持干净不堵塞。他们必须在泥地上睡觉，有时候即使感到背上痒也不能抓。对此，威廉·拉尼德有极为生动的理解，“我们不过是枪里的一发子弹，而枪就是美国整个社会，枪的扳机由总统和国会来扣动，是他们将我们发射出去的”。作为一个伟大机构的一分子，对当权者的绝对服从是百分之百正确的。

曾有人说，尼克松总统之所以看中黑格将军，就是因为黑格将军的服从精神和严守纪律的品格：需要发表意见的时候，坦言之，倾尽所能；而对上司已做出决定的事情，就坚决服从、严格执行，绝不表现自己的小聪明。

西点军校的军事理念其实可以运用到其他行业的方方面面。在现实工作中，我们的上司不可能百分之百正确，但是我们仍然需要对服从有清晰的认识：如果我根本不能认同自己的集体，那么最好趁早离开，另外寻觅适合自己的工作；如果我在总体上认同自己现在所处的集体，那么我也应该像西点军校的学员那样绝对服从、严格执行。

坦率服从，拒绝说谎

在西点军校，还有这样一个共识：无论在什么环境下，一个人都应该用诚实可靠来要求自己。

其实“不找任何借口”，就是对说谎和欺骗的强烈否定和排斥，因为不找任何借口，便不会为编织借口而说谎。

西点军校对诚实这一品质要求很高。学员一入学，便要接受长达16个小时的“荣誉守则”教育。西点的《荣誉守则》简短而直接，第一点就是不许说谎：“西点学生绝不能说谎、欺骗或偷窃，也不能容许他人有这样的行为。”除此之外，西点对不许还有一些非常细致的规定。

学员的每句话都必须是确切无疑的，他们必须保持自己口头或书面陈述的真实性，任何故意欺骗的行为都是违背《荣誉守则》的。

在个人签名上，西点也有其独到的观点：个人签名是一种真实有效的书面信息，学员一旦在文件上签名，就正式表明了文件的真实性和准确性。

西点甚至要求学员不仅不能对别人说谎，也不能对自己说谎，只有这样才达到了真正诚实的要求。

曾经有一个学员在走廊上碰到自己的教官，教官问他早上是否刮了胡子。这个问题提得太过突然，又必须马上回答，学员的脑海中浮现出自己一脸泡沫的样子，于是回答：“报告长官，是。”实际上，他脑海中的场面只是自己前一天刮胡子的情景。这种无心之错严格来讲算不上说谎，但教官还是希望他能承认错误。西点认为，如果一个人无须为自己的错误和谎言负责，就很有可能更倾向于通过说谎为自己带来利益，

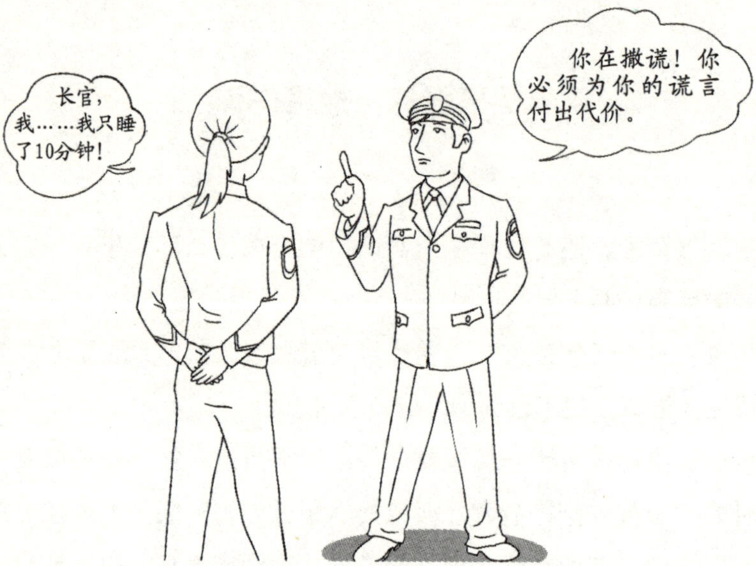

久而久之甚至会认为说谎是理所当然的。

西点的一名女学员，因为在执勤的时候偷偷睡觉而被教官发现。很多人都以为，教官会按照惯例罚她打扫一个星期的公共卫生。让人意想不到的是，这名女学员却被要求立即绕着400米的操场跑20圈，之后受到一连串的通报批评。这个女学员之所以会受到如此重的处罚，完全是事出有因的：她原本偷偷睡了30分钟，可是当教官问她睡了多久时，她却回答说只睡了10分钟。一个误差20分钟的谎言，让她付出了沉重的代价。

这种严格的要求和训练让西点的学员受益匪浅，使他们在许多领域都取得了令人瞩目的成就。这也反过来证实了所有西点人都深信不疑的一个道理：诚实的才是长久的。不为利动，没有私心，在任何情形下都言行一致所带来的价值，比从欺骗中得来的利益要大成百上千倍。

服从的前提是坦诚相见、用心接受。而特蕾莎修女曾经说过，“最危险的人便是说谎者”。那些阳奉阴违、暗度陈仓的假服从往往比制造出表面冲突的真违抗更危险。拒绝服从而阐明实情，至少能让执行的双方了解真相、做出决断；而企图通过欺骗将上司蒙在鼓里，则很有可能延误工作时机，造成难以估量的损失。

自己指挥自己：主动创造是服从的更高要求

服从并不是要我们甘于平庸，也不是要我们扼杀自己的创造性，更不是坐等上级指示，然后亦步亦趋、依样画葫芦地完成工作。罗文在美西战争之前接受把信送给加西亚的艰巨任务，当时这项任务没有太多具体的指示。如果罗文不能充分发挥主观能动性，和伙伴们一起制定各种避开敌人的对策，并在送信途中随机应变地处理各种突发状况，总统的信恐怕很难送达加西亚将军手中。因此，主动创造是服从的更高要求。

《圣经》上说，有一年冬天，耶稣和他的门徒在长途跋涉的过程中感到又饥又渴。就在这个时候，耶稣发现了一棵漂亮的无花果树，但树上没有果实，耶稣便因此诅咒了它。第二天，当他们再次路过这棵树的时候，耶稣的门徒发现无花果树已经枯死了。有的人在读到这个故事的时候也许会很困惑："如此严厉的惩罚难道不会显得太过分吗？况且无花果树在冬天本来就不会结果啊。"对于这样的疑问，耶稣则说："如果人们只需要行自然而然之事，那么他们就不会记得我的存在了。"

在耶稣看来，总是做那些已经被规定好的、自然而然的、习以为常的事情并不是最好的服从，他希望世间的万事万物都能够做一些超越平凡、超越既定法则的事情。平庸是上司最不愿意看到的，哪怕这样的平庸戴着服从的面纱。借由被诅咒的无花果树，耶稣教育人类，为什么在能够主动选择卓越的时候，我们却选择了平庸？为什么大家都恨不得一年再多出几天，却不好好利用已经拥有的365天？为什么我们总是做一些别人做过的事情，而不去主动创造出新的奇迹？

在《圣经》中，还有这样一个以主动创造为主题的故事。一个人在动身前往外国之前，将自己的家业交给了3个仆人，按照仆人各自才干的不同，银子分配的数目也不同：一个仆人得到5000，一个仆人得到2000，一个仆人得到1000。主人分配完钱财就离开了家。领了5000银子的那个仆人随即拿钱去做生意，赚了5000；领了2000的那个仆人也学着做买卖，赚了2000；而领到1000的那个仆人则去挖地，将主人给他的银子埋起来。

很久以后，主人回来了。那个领5000银子的仆人带来了赚的5000银子，主人赞扬了他的忠诚和善良并犒赏了他，还决定把很多事情都交给他管理；那个领2000的仆人也带来了另赚的2000银子，主人也对他报以同样的回馈；当最后一位仆人抱着原封不动的1000银子来到主人面前的时候，主人严厉地斥责了他，并把他赶出了家门。

在那个得到1000银子的可怜仆人看来，尽管自己没有使银子增值，但也没有使银子丢失，便算是对主人的绝对服从了。然而他的主人可不是这样想的，他想让自己的仆人拒绝平庸、追求卓越。只有其中两个仆人具有这种主动的创造性，他们确实使主人的财产增值了，而那个愚蠢而按部就班的仆人，在对主人的服从中却没有创造出任何价值。

很多卓越的人都相信，主动创造是员工走向成功的捷径，是服从精神的更高要求。

第六章　向时间要效率，效率保障落实

挥别拖延症，向效率人士看齐

相信我们都有过这样的经历：清晨，闹钟将你从沉睡中唤醒，你一边思考着自己新一天的计划，一边却留恋着被窝的温暖；一边不断告诉自己该起床了，一边又不断为自己寻找赖在床上的各种理由。于是，你可能又恋恋不舍地躺了5分钟甚至10分钟……

拖延是对惰性的纵容，一旦形成习惯就会渐渐消磨人的意志，使人失去对自己的信心，不断怀疑自己的目标和毅力，甚至变得优柔寡断、犹豫不决。

一天深夜，一名危重病人终于走到了他生命中的最后一刻，死神如期来到了他的身边。他向死神请求道："再给我1分钟好吗？我想利用这1分钟看看天，看看地，再想一想我的朋友和我的亲人。如果运气足够好的话，我还可以见到一朵绽放的花。"

死神回答："虽然你的想法不错，但我不能答应你。我早就留足了时间让你去欣赏这一切，你却从来没有像现在这样去珍惜。你自己看看这份账单吧：你活了60年，其中有一半的时间在睡觉，剩下的30年里你经常拖延散漫，光是感叹时间太慢的次数就达到10000次，平均每日一次。上学时，你在完成作业的问题上不断拖延；成人后，你用抽烟、喝酒和看电视的方式虚度了不少光阴……"

死神还没将账单念完，那个危重病人便断了气。死神叹了口气，说道："如果你在活着的时候能节约1分钟的话，你就能听完账单剩下的部分了。哎，真遗憾，这个世界上的人怎么都是这样，往往等不到我动手就因后悔而死。"

所以说，拖延真的是浪费时间、浪费生命的罪魁祸首。

在职场中，受拖延习惯困扰的人数不胜数。一位成功学家说过："如果将你的借口换成美元，那么你的财富会超过比尔·盖茨。"拖延的习惯使我们变成从不付诸行动的白日梦者或是行动上的小矮人，使我们办事拖拖拉拉，总把当天就应该完成的事情拖到第二天，还使我们为自己的执行不力找出各种借口。时间久了，别人就会认为我们缺乏工作能力，或者是对自己的工作不尽职尽责。一旦给别人留下这样的印象，我们在职场中也就危机四伏了。

克里·乔治是华盛顿一家医院的护士，一天晚上，病房里住进一名严重的肺心病人，当时克里正在抱怨自己加班的时间过长。

他在休息室思忖用什么样的办法逃开夜间加班的命运时，主治医师推门进来，告诉他肺心病人的状况很糟糕，可能需要特别监护。克里心想，当班的还有其他护士，便笑着对主治医师说："老兄，犯不着那么着急，病房里还有人守着呢。我刚刚对5个病人进行了注射，先让我喘口气再说。"主治医师严肃地说："人命关天，一分钟也不能再等了，你得随时将他的情况报告给我们。"说完，主治医师便匆匆忙忙向其他病房跑去。

"反正如果病人出现危急情况，监护仪会自动报警的。"克里心想。他并没有立刻行动，而是掏出手机玩了会儿游戏，然后才吹着口哨慢悠悠地向病房走去，可是一切都已经太晚了。当天晚上刚好还有两个遭遇严重车祸的伤者，其他护士都在协助医生进行抢救，刚入院的肺心病人甚至还没有接上监护仪。在拖延恶习的影响之下，克里将那位可怜的肺心病人置于无人看守的境地。当他赶到病房的时候，病人已经停止呼吸多时了。

克里为自己的拖延付出了沉重的代价。他因为承受不了现实的打击，很快就精神失常了。

面对如此的悲剧，你还能等吗？只有早一天挥别拖延症，早一天跨入效率人士的行列，你才能确保自己的工作万无一失。

执行“勤俭论”：回归简单，才能轻装上阵

著名的效率专家马文·盖博认为，效率的高低不仅要用节省时间的多少来衡量，还应该用节省金钱的多少来衡量。

勤俭是一种习惯。习惯是指在长时间内逐渐养成的、一时不容易改变的行为或倾向。我们是怎样被自己的习惯所控制的呢？在习惯还不成熟的时候，它们就像幼狮，柔弱而可爱；当习惯日趋成熟，就像幼狮一天天成长为雄狮，那种强大的力量将会反过来控制你。

作为一种多挣少花、为自己积累财富的习惯，勤俭会让你回归简单的快乐，轻装上阵，让自己的执行更有力度。勤俭的习惯证明你能够控制自己身体内的动物本性，你才是自己灵魂的真正主宰。不知勤俭的人，将成为环境的奴隶。在美国经济大萧条时期，人们都奉行这样一句话：如果你没有剩余，那么你便是机会的玩物、环境的人质、他人的奴隶和风中的飘叶。

剩余将赋予你支配自己的权利，这是在工作和生活中充分发挥主动性的前提条件。剩余将促使你发自内心地进行自省，最终成为一个完满

自足、简单快乐的人。勤俭习惯的养成，总是越早越好，你可以从现在就开始抛弃过多的物质欲念，回归简单、轻装上阵。

有一次，某所小学的一个老师说："我对科学一无所知。我只是喜欢和孩子们共同学习。"于是，在暑假结束之后，学校旁边就多出了一个小花园。在那里，每个孩子都拥有自己的一个小小的专属区域，用于种植各种农作物。

在这个花园里，孩子们收获了玉米、马铃薯、向日葵、万寿菊、美洲石竹和紫罗兰。孩子们用这种户外的劳动取代了漫无目的的玩耍，在这样的劳动中，他们渐渐明白一个道理：节省并合理地利用时间，再加上热爱和劳动，就会生产财富——生活的必需品。

后来，这位老师又做了一些改革，他和学生一道建立了"储蓄银行"，并制作了银行账簿，每一个孩子都可以把50美分的零钱存起来——这便是关于谋生和节约的教育，这些好习惯将伴随孩子们的一生。老师的"储蓄银行"教育就是在培养他们的勤俭意识。

勤俭的习惯之所以能让我们倍感轻松，还在于它能让人拥有健康的身体和宽裕的时间。勤俭的人一般早起早睡，并且保持有所节制的饮食。本杰明·富兰克林说得好，"时间就是金钱"。在勤俭精神的指导

下合理利用时间，无异于让自己拥有了一大笔财富。需要注意的是，为勤俭而食不果腹或衣不蔽体是相当愚蠢的。所谓勤俭，其实就是清洁自己的欲望，需要多少就消耗多少，尽量做到不浪费。

勤俭所带来的执行力是相当惊人的，以本杰明·富兰克林为榜样，他从12岁起就开始用勤俭的思想来指导自己了。在勤俭思想的指导下，富兰克林成为当时美国最富有的人，同时还有着健康的身体、清醒的头脑和十足的亲和力。他创建了宾夕法尼亚大学，创建了美国第一家公共图书馆，还成立了保险公司。他还发明了眼镜，制作了烤炉，还远赴法国借到了用于独立战争的资金。富兰克林所具备的卓越才华，很大程度上是由他骨子里的勤俭所赋予的。

用勤俭约束自己，回归简单的基本需求，你才能在工作中轻装上阵，不断提高执行力。

“没有一句废话”：学会有效沟通

很多时候，沟通过程中的“鸡同鸭讲”或是废话连篇会大大影响执行的效率。为了防止出现这样的情形，我们可以参考著名人际心理学家德鲁克所提出的三条法则。

法则一，沟通是一种感知。

日本禅宗曾提出过一个问题：“若林中树倒时没有人听见，那么树倒时到底还有没有声响？”对于这桩公案的标准回答是“没有”。在实际沟通中，这则禅宗公案确实是实用的：一个人所说的话只有被人接受才算是有效的。

一个经理人该怎样和一个文化素质不高的员工进行交谈？首先，他必须使用对方熟悉和认可的语言和交流方式，否则结果是可想而知的。接受者的认知取决于他所受的教育、过往的经历以及沟通时的情绪。一旦说话者意识不到这些细节，沟通很有可能就会是无效的。另外，有效的沟通还取决于接受者如何根据语境进行综合理解。例如，经理告诉助手："请尽快处理这件事，好吗？"助手会根据他的语气、表达方式和身体语言来判断这句话究竟是命令还是请求。正如德鲁克所说的那样，"人无法只靠一句话来沟通，而是得靠整个人来进行沟通"。

所以，我们在沟通之前要想清楚以下问题：我们要传达的信息是否在接受者的接收范围之内？他能否收到信息？他将如何理解？

法则二：沟通是一种期望。

在进行沟通之前了解接受者的期望对任何人来说都是一件非常重要的事情。在沟通中，接受者对不符合其期望的企图和意料之外的事情通常是不会主动接受的。

一位经理想要安排一名主管去管理某个生产车间，但是这位主管认为这是件费力不讨好的事。这时，经理的第一要务便是了解主管的期望。如果主管是一位积极向上的年轻人，经理不妨告诉他，管理生产车间有利于他能力的锻炼和施展，况且今后还有很大的上升空间；相反，如果这位主管是个得过且过、毫无激情的员工，经理就该告诉他，公司正在精简人员，他要么去车间，要么离开公司。

法则三：沟通产生要求。

沟通总是为了达到某种目的而进行的，不管明显与否，它都包含要求接受者要成为某人、完成某事、相信某种理念的企图。正因如此，沟通也经常诉诸激励，如果沟通能够与接受者的渴望、价值与目的相符的话，它就有可能达到改变一个人的性格、价值、信仰与渴望的效果；如果沟通与接受者自身的渴望、价值与动机背道而驰，它就有可能不被接受，甚至遭到强烈的抵触。

一家公司的员工因为压力大、待遇低而产生不满情绪，纷纷消极怠工或准备另谋高就，公司管理层却完全不了解员工的要求，反而提出“今天不敬业，明天就失业”的口号，其结果只能让员工更加反感。

沟通的危险在于无法获得接受者的信任，使得每次的沟通动机都变得可疑。想要传达的信息不被人接受，沟通的结果就只能是徒增冷眼嘲讽而已。

有效沟通是执行中极为重要的一环。运用德鲁克提出的四个“W”（说什么，什么时候说，对谁说，怎么说），我们可以随时审视自己所进行的沟通过程，以达到工作中不说废话的目的。

路过天堂也不驻足：分清任务的主次

相信大家都听过“工作优先”这个词，而诗人霍克说：“如果我的愿望是飞向火星，即使路过天堂也不会让我驻足。”事实上，要想提高执行的效率，分清任务的主次便是摆在我们面前的首要任务。先花一些时间问自己以下两个问题，会对你产生很大的帮助：

生活中有哪件事会对你产生重大的积极影响却迟迟没有去做？

事业上有哪件事有可能产生类似的效果？

很明显，这两个问题的提出，已经将简单的工作优先原则上升到要事第一原则。要事第一，即通过发挥独立意志，建立以原则为中心的处世态度，进而达到进行有效自我管理、高效执行的目的。

有效执行是掌握重点式的执行，它总将最重要的事情放在第一位。

确定了自己的要事之后，我们还需要靠自制力来保证要事的优先执行，避免这种优先性被自己的感觉或情绪波动所左右。换句话说，就是要培养自己“路过天堂也不驻足”的意志和决心。

专注的精神是遵循要事第一原则的保障。

迈克尔·乔丹从事篮球事业期间，有很多机会从事其他行业，但他坚持只投身于自己的要事——篮球运动。因为专注，他成为美国职业篮球联赛历史上最伟大的球星。

世界首富比尔·盖茨，以他的财力和智慧，他可以做的事情实在太多。然而，他和他创办的微软公司多年来始终专注于软件技术和软件产品的研发和推广事业。所以，比尔·盖茨至今仍是世界上最成功的企业家之一，他所领导的微软集团也一直保持着世界顶尖企业的地位。2008年之后，比尔·盖茨逐渐退出微软的日常运营，专注于慈善事业。很多人都说，如果盖茨对慈善事业和他当初对软件事业一样专注，他肯定会成为世界上最伟大的慈善家。

在工作中，总有很多人匆匆选择一个行业或一家公司，几番磨合仍不满意之后便匆忙跳槽。他们总是在做着一件事情的同时想着其他事情，把大部分时间用在遐想、探索、选择和尝试上，因而无法集中精力和资源做好眼前该做的事情。这些人往往会发现，多年之后自己仍然一事无成。而当初和他站在同一起跑线的那些人，有的已经成为某个领域的专家。我们不得不承认，成功者往往都是要事第一原则的实践者，他们一旦认定某件事情是自己的要事，便会心无旁骛地为之努力，而不会在五光十色的诱惑中迷失自己。

一心多用、左顾右盼的人是很难在工作中取得成绩的；眉毛胡子一把抓，想要在各个领域全面开花的人也不可能如愿以偿。只有分清任务的主次，理出自己的要事，并向这些要事投入百分之百的专注，我们才有可能在工作中有所成就。

第七章　自觉追求高标准，到位才算执行

目标高一点，行动快一点

许多人之所以能够在事业上获得成功，归根结底就在于他们对自己的要求比别人高了那么一点，在行动上比别人快了那么一点。基于这样的认识，著名投资专家约翰·开普尔顿在大量观察研究的基础上得出一条非常重要的定律——高1英寸定律。他指出，那些有突出成就的人和取得中等成就的人相比，二者所做的努力其实差不多，只是前者为自己设定的目标可能高了那么1英寸，从而导致结果有如此巨大的差异。

在工作中，一旦养成比其他人做得更好更快的习惯，你就具备了无可比拟的优势。这种习惯将使你在任何行业都具备无可替代的地位，让更多人积极地要求与你合作、接受你提供的服务或是为你服务。

如果我们希望把自己的手臂锻炼得更加强壮，唯一的途径就是让它承载比目前更重一些的锻炼负荷。与之相反，如果你长期不使用自己的手臂，那么它将日益虚弱甚至萎缩，这便是“用进废退”的道理。

吴士宏曾到一家国际知名的大企业应聘。她幸运地通过了两轮笔试，在面试时也显得轻松而机智，引起了主考官的浓厚兴趣。就在一切看起来都非常“有戏”的时候，主考官突然问她：“你会打字吗？”

“会！”吴士宏答道，可她的心里却在打鼓，因为自己之前从未碰

过打字机。

“你一分钟能打多少字？”主考官又问她。

“请问公司要求是多少？”吴士宏反问主考官，因为她早已环顾四周，发现应聘现场并没有打字机。

主考官说每分钟要能打90个字，吴士宏马上承诺自己绝对能够达到这个要求。

吴士宏在主考官面前夸下海口，心里却十分着急，如果真的被那家公司录用，而进公司之后又要考查打字速度，那不就惨了？她顾不了这么多，面试结束后立刻向亲友借钱买了一台打字机，接着便没日没夜地敲打了一个星期，一直练到手腕红肿，吃饭的时候连筷子也抓不稳。幸运的是，她的打字速度终于达到了主考官所要求的标准。

就在吴士宏学会打字的时候，公司的聘用通知书也到了她手中，但是，她进入公司之后，上司却从来没有考查过她的打字速度。很多年之后，她成为这家公司的高层管理人员，回忆自己当初应聘的经历，她并不认为借钱买打字机，一个星期苦练打字是多余的。吴士宏总是对大家说，这件事对她日后的成长与发展至关重要。

身处困境之中，我们往往能够迸发出惊人的主动性和巨大潜力，这是人生永恒不变的法则。如果你的工作目标能够比自己力所能及之处稍微高一点，如果你的时间安排能够让自己比游刃有余稍微紧一点，那么你不仅能够培养出勤奋的品质，而且能逐渐发展出一种摆脱困境的超凡技巧和能力，使自己拥有更为强大的职场生命力。

优秀要靠自觉，强迫难成卓越

凯伦和苏珊是一对双胞胎姐妹。在一个风雪交加的下午，凯伦在家门口发现了一个包裹，可这个包裹不是她们家的。包裹上的地址写得很清楚：S市大河滨路66号，而凯伦和苏珊的家是在S市小河滨路66号。门牌号都是66号，而大河滨路和小河滨路只有一字之差，这也许是邮递员错误投递的原因。

“姐姐，这可怎么办？”苏珊向凯伦征询意见。

“下次邮递员来的时候再将包裹退还吧。”凯伦说。

可是邮递员3天才来一次，如果这是一个很紧急的包裹，那么肯定会误事。而在这个风雪交加的下午，她们的父母都不在家。

姐妹俩一时间感到十分为难。她们想要将包裹按地址送过去，但屋外风雪交加，两个孩子都有些害怕，毕竟她们刚11岁。

“我觉得我们还是应该出一趟门，我们收到了别人的包裹，理应给别人送去，这是我们应该做的，你说呢？”凯伦说。

“姐姐，我同意你的看法。我们一起去吧。”妹妹说。

就这样，两个小女孩穿好衣服，带上包裹走进了风雪中。她们也不知道大河滨路具体在什么地方，便一路走一路打听。雪太大了，两人走得深一脚浅一脚，而且根本看不清前面的方向。

“苏珊，我们一定会把包裹送到的，对吗？”凯伦问妹妹。

“嗯，一定可以！”苏珊坚定地说。

她们走了很长时间，终于来到大河滨路66号。姐妹俩高兴极了。

当这家的女主人打开房门的时候，她还以为站在面前的是两个在风雪中走失的小女孩，当她听说姐妹俩是将邮递员误投的包裹送来的时候，她又惊讶又感动。除了一个劲地说“谢谢”并开车把姐妹俩送回家之外，女主人不知道自己该做些什么了。

这事过去一个月之后，一个陌生男子来到凯伦和苏珊的家中。她们的父母并不认识这个来访者，这个陌生人主动介绍说：“我住在大河滨路66号，一个月前我的包裹被误送到你家，多亏了你的两个孩子冒着大雪给我送回家。那个包裹里装的是旧金山一位中医寄来的草药，而这些草药对我父亲的癌症治疗起到了难以置信的作用。如果包裹收到得再晚一点，也许我父亲就错失治疗的最佳时机了。真是太谢谢这两位小天使了。”

双胞胎姐妹的父母也很惊讶，因为他们并不知道自己的孩子做了一件这么伟大的事情。

陌生男子说完这些，又掏出一封凯伦和苏珊家的信，“邮递员其实也将贵府的信件误投到我们家里，如果没有姐妹俩的表率作用，我很可

能会等着邮递员去将信取走，而不是主动给你们送来。”其实与其说互送信件是一种礼尚往来，倒不如说是他们都有一颗自觉的心。

在工作中，我们可以仅仅满足于合格的要求，而对很多额外的事情不闻不问。没有人会逼你去追求卓越，因为这很难起到作用。只有自觉执行，才是缔造优秀的原动力，才能使我们完成一些几乎是超出能力范围的事情。

小题要大做，执行才到位

一位人力资源部经理曾说：“要衡量一个人是否有责任感，往往不用看他做的大事，从他下意识做的那些细微小事就能得到答案。”很多人都眼高手低，只想做大事而看不起小事。事实上，能做大事的人很少，恰恰是因为他们不愿做小事。我们应该有理想，有干大事的雄心，但在具体执行的过程中，只有从小事做起，具备小题大做的工作态度，才能确保执行到位。从某种意义上讲，细节是对一个人综合素质最为重要而真实的考验。只有领会小题大做重要性的人，才能踏踏实实地执行自己的任务，确保工作零缺陷，最终在激烈的竞争中脱颖而出。

事实上，工作中粗心、懒散、草率和敷衍等恶习，正是由于缺乏小题大做的精神而养成的，它们常常会使执行出现严重的偏差，造成不可挽回的严重后果。

曾有一名业务员为自己所在的服装厂订购一批鸵鸟皮，合同中有一条本来是：“每张大于4平方英尺。有疤痕的不要。”这名业务员在粗心大意之下把句号写成顿号，便成了“每张大于4平方英尺、有疤痕的不要”。这就让供货商钻了空子，他们发来的鸵鸟皮全都是小于4平方英尺的，服装厂因此蒙受了极为惨重的损失。

无独有偶，旧金山一位商人给一个萨克拉门托的商人发电报报价，“1万吨葡萄，每吨400美元。价格高否？买否？”萨克拉门托的那个商人在回电报的时候，本来想用“不，太高”表达“不买，价格太高”的意思，却漏了一个逗号，于是电文变成“不太高”。一个小小的逗号，使那位萨克拉门托的商人一下子损失了几十万美元。

小题大做的理念，正是用来对抗草率敷衍，确保执行到位的有力武器。如何才能从“小题”中找到大的意义，让自己在工作中成为执行的强者呢?

首先，细节执行体现素养。敬业精神是执行好每个细节的前提，而任何细节都是成就执行能力的基石。只有从细节执行上严于律己、讲究分寸的人，才能真正把事情做到位。

其次，要认真对待、注重工作中的细节，就容不得半点马虎及虚假。小题大做并不是要我们在工作中装腔作势、百般应付，而是要求我们用诚挚和坦率的态度去对待那些很容易被忽视的细节。

再次，每当我们执行一项任务之前，都应该给自己制定一个标准，并以这个标准为准绳去规范整个执行过程，不能有丝毫折扣。

最后，要精于观察。观察不仅能使我们注意到事物的真实状况，更有助于我们更加深入地认识到事物的本质，指导我们的行为。观察是一门艺术，仔细观察隐藏在事物背后的细节，就能发现一些规律，从而寻找到解决问题的方法。观察，有助于我们了解事物的进展情况和困难所在，这也是执行力的一种体现。

在职场中，哪怕是再小的事情也需要极高的责任心。作为一名员工，只要是自己该做的事情，就应该不分大小，百分之百地用心对待，这便是小题大做的意义所在。

永不满足才能超越昨天

麦金莱总统在得克萨斯州一所学校演讲的时候，曾经对在座的学生说：“如果有一件事情是最重要的，那么这件事就是尽职尽责地把每一个任务完成得尽善尽美。与其他有能力完成这个任务的人相比，如果你能永远做得更好，那么，你就永远不会失业。”

在一家乳制品公司，老板吩咐3个员工去做同一件事：到供货商处调查牛奶的数量、价格和品质。

5分钟后，第一个员工回来了，他并没有去供货商处调查，只是随便向别人打听了一下供货商的情况，就回来作汇报；30分钟后，第二个员工也回来了，这名员工亲自到供货商那里了解牛奶的数量、价格和品质；90分钟后，第三名员工也回来了，他不但亲自到供货商那里了解了牛奶的数量、价格和品质，而且从公司的采购需求出发，将供货商处最有价值的商品做了详细记录，同时还联系了供货商的销售经理。不仅如此，在返程途中，他还顺道去了另外两家供货商那里了解相关信息，并将3家供货商的情况作了详细的比较，制订了一个最佳采购方案。

第一名员工习惯于敷衍了事地完成任务；第二名员工被动听命，满足于按质按量地完成上司下达的任务；第三名员工不满足于工作中的游刃有余和良好现状，总是不断地挑战自己，力求将自己的潜能发挥到极致。从第三名员工身上，我们看到一种不满足于现状的野心和激情。

有个年轻的插画家，一进广告公司便接受了一项任务：为一家知名企业制作一系列商业插画。这个年轻人自以为才华横溢，只用一天时间就完成了画稿，交给了老板。第二天，老板将年轻人叫到自己的办公室，问他："这是你所能创作出的最佳画稿吗？"说完，老板就把画稿轻轻推给了年轻人。

年轻人回到自己的办公桌前，稍微调整了一下自己的思路，又将画稿修改一遍之后重新交给了老板。没想到老板还是问同样的问题："这是你所能创作出的最佳画稿吗？"年轻人思前想后，不敢给出一个肯定的答复，于是老板又让他拿回去重新斟酌、认真修改。

于是，年轻人又用两天时间重画了一份，虽然觉得不是十分完美，但已经比之前的画稿好多了。将画稿交给老板后，这个年轻人又一次面对同样的问题，这一次他还是不能做出肯定的答复，于是画稿又一次被退回。

最后年轻人铆足了劲，费尽心力、冥思苦想了整整一个星期，才将完成稿交给了老板。不用说，这一次老板依然重复的是同样的问题："这是你所能创作出的最佳画稿吗？"年轻人信心百倍地回答："是的，我认为这是最好的画稿。"老板立即说："好！就用它了！"

有了这一次的工作经历之后，年轻人明白了一个道理：工作永远都有值得改进的地方，不要满足于那些自己轻易就能得到的成果，而要不断拷问自己是否还能做得更好。对于工作，我们只有抱着永不满足的心态，才能不断超越自己的过去，创造出更精彩的成绩。

第八章　忠诚让内心更敞亮

忠诚是义务，更是使命

英国有句老话，“一盎司忠诚等于一磅智慧”。盎司和磅都是英国的重量计量单位，1磅等于16盎司。这句话的意思就是：如果你对自己的集体和上司是忠诚的，那么你的1分忠诚就相当于你在工作中所表现出来的16分智慧。这个等式并不否认企业的领导者和员工之间的雇佣关系，但它显示了忠诚对这种关系所产生的极大的改善作用。

在商业社会，忠诚是一种稀缺而又重要的美好品质。著名管理学家弗雷德里克·莱希·赫尔德在《忠诚的价值——增长、利润与持久价值背后的力量》一书中指出，现代社会的发展是需要并离不开职业忠诚的，那些真正能够经得起市场经济的考验、在竞争中取得较为长期的理想效益的企业，无一不在灵活地应用着忠诚的各项原理，遵循着基于忠诚的管理发展战略。就我们个人的发展和自我实现来说，忠诚也是一种不可或缺的职业品质和操守。

在等级森严的蜜蜂王国，忠诚是极为重要的品质。蜂王永远是高高在上的女皇，而所有的工蜂都必须对自己的统帅忠诚，因为蜂王肩负着整个蜜蜂王国最重大的责任，那便是繁衍后代。为了这个共同的目标，所有的工蜂都必须忠于蜂王，任劳任怨地供养它。只有这样，才能确保整个蜜蜂王国顺利运转。在井然有序的蜂巢中，忠诚是每一只蜜蜂都必须履行的义务。

而我们的集体和蜜蜂王国也有很多相似之处。有人说，现代职场就像是一个大型的游戏，想要加入这个游戏必须遵守游戏的规则。蜜蜂的王国需要秩序，一个充满战斗力的团队同样如此。只有遵守秩序，才能确保团队成员行动的一致性和协调性。任何一个团队都必须有一个核心，这个核心能够从根本上确保团队的凝聚力。在实际工作中，我们的领导就像蜂王一样，肩负着关系到企业生死存亡的责任，所以我们必须对领导忠诚。忠诚所产生的巨大向心力，能够保证现代组织在精密复杂的运转中不至分崩离析，能够使我们的集体无坚不摧、战无不胜。

与此同时，我们更应该把职业忠诚当做自己的使命，以强烈的责任感忠实地履行自己的职责，坚决抵制任何不负责任、偷懒耍滑、马虎草率、玩忽职守、敷衍塞责的态度和行为。

在第二次世界大战中，美国的著名将领麦克阿瑟说过："忠诚于统帅是士兵的义务。"拿破仑也有类似的论断，"对元帅不忠诚的士兵就没有资格当士兵"。

与士兵的绝对忠诚有所不同，员工的忠诚对于企业来讲虽然是必需的，但并不是无条件的、绝对的和盲目的。我们所效忠的对象，应该是一个能为自己的生存、发展和自我实现带来益处的领导者，一个对企业有强烈责任感的领导者，一个能担当企业生存和发展重任的领导者，一个能够促使企业健康运行的领导者，一个关心员工、无私奉献的领导者。

不过，我们应该相信，绝大多数领导比普通员工更具有责任感，更愿意为企业的发展鞠躬尽瘁，因此忠诚于企业和领导仍然是具有普遍价值的。当你对问题不那么确定的时候，选择忠诚就是选择了一种履行义务、不辱使命的崇高态度。

面对诱惑，坚守自己的职业操守

你对于自己所处的团队足够忠诚吗？在各种诱惑面前，你的忠诚度能否经受住考验呢？不妨先来做一个小测试：如果你认为自己符合括号前的描述，就在这个括号里打“√”，反之则打“×”。

如果其他企业提供更好的薪水和福利，你可能会在利益的诱惑之下离开现在的公司。( )

如果有条件，你不排除用跳槽来威胁上司给你加薪。( )

好汉不吃眼前亏，你是一个很计较眼前利益得失的人。( )

你能够为自己的工作进行较为长远的考虑。( )

你对所在公司的前景充满了信心。( )

你很信任你的上司。( )

你经常对自己的同事感到不满。( )

你在工作中拥有高度热情。( )

你并不是很介意经常加班却得不到适当的加班报酬。( )

你对客户往来中的徇私舞弊行为很反感。( )

参考答案：×××√√√×√√ √

如果你的回答有7个以上与所给答案吻合，那么你对公司是忠诚的，很少做出不利于公司的事情，这种忠诚总体上属于主动忠诚。

如果你的回答有5～7个与所给答案吻合，那么你的忠诚度在50%～70%之间，你的忠诚基本属于被动忠诚，一旦外界的诱惑超过了你所能把持的极限，你有可能失守。

如果你的回答与所给答案的吻合之处少于5个，那你的忠诚度就低于

50%。这是一个十分危险的信号，一点点诱惑都能使你随时离开目前所在的公司。

如果想要坦然面对诱惑，我们就需要对成功有正确的认识。成功有很多种：有的成功只能带给人暂时的快乐和满足，有的成功却能带给人持久的幸福；有的成功是短暂的，有的成功却是可以持久的；有的成功会带来很多麻烦，有的成功却会带来更多更大的成功。

分析当今的许多短期成功者，缺乏的多是抵御诱惑的能力。诱惑有很多种，如名气、金钱、地位、美色等。诱惑之所以难以抵御，原因在于它直抵人性的弱点。而很多人之所以能够成功，往往是因为他们在诱惑面前能够坚守自己内心的那一份执著。

这个世界上的诱惑很多，我们能拥有的很少，明白自己究竟想要什么，然后努力捍卫自己的信念，这个过程本身就能带给我们的人生以巨大的意义和价值感，而名与利却往往会成为我们坚守自己信念的副产品，带来“无心插柳柳成荫”的惊喜。

从长远来看，如果你对他人缺乏忠诚，那么就不要指望别人会对你忠诚。做到忠诚确实不是件容易的事，尽管忠诚是人性的闪光之处，但抵抗不了诱惑也是人性的弱点。在诱惑面前，脆弱的人性会断裂、扭曲。但对那些血液里流淌着忠诚秉性的人来说，忠诚是不变的信条，是为人处世的原则。不管你从事什么职业，文化程度和教育背景如何，学会用忠诚来抵御诱惑都是必要的。保持忠诚，你就坚守了职业操守，坚持了你的人生中最为宝贵、最值得珍惜的东西。

完成任务是对自己的忠诚

对个人而言，执行力的强弱取决于完成任务的速度快慢和质量好坏。完美地完成工作中的每一个任务，不仅仅是对团队和上司忠诚，也是对自己忠诚。

有这样一个故事：曾有一位大师兄将一双脏手套交给他的小师弟，让他洗干净，并告诉他第二天早上需要用那双手套。大师兄交代完之后便离开了，小师弟把手套洗干净之后，却发现室内没有烘干的设备。在潮湿的寒冬里，如果把手套晾在室外，一夜晾干的可能性几乎为零。于是，这个小师弟只好用手不停地甩，直到将手套甩干为止。他并没有满足于此，又将甩干的手套垫在床垫下。第二天一早，他就将一双洁白平整的手套交给了大师兄。

有人也许要问，究竟是什么力量让小师弟如此认真地完成师兄交给他的任务？很多年之后，已经在金融行业成为翘楚的小师弟是这样回忆当年那件事情的："当时我一心只想在有限的时间内将手套晾干。这么做的目的，与其说是服从于师兄，不如说是对自己的忠诚。因为当时我接受了他的任务，而在我的行事准则中，一旦接受了任务，就要不遗余力地完成。"

然而，与小师弟的忠诚信念有所不同的是，很多企业都是以赢利为目的的，我们的上司在管理上可能带有一些功利色彩，有意无意地将员工看做完成任务的工具，他们对员工的批评、表扬、激励和关心总是带有鲜明的目的性，例如让他更好地完成任务、让他与我的观点一致、让他更主动地按照我的意图办事等。这时候，我们更应该忠于自己的想法和需求，主动去完成任务，而不是只把自己当成一颗棋子。

有一个农场主做生意发了财，即将搬到城里去了，便把他家那头很年轻的骡子送给了邻居磨坊主。这头骡子每天被磨坊主逼着拉磨，可它总是不听话，一心想往外面跑，磨坊主为此想尽办法。他把骡子的眼睛蒙上，并用鞭子催赶它，骡子倒是乖乖地干了几天活，可好景不长，没几天这招就不灵了。磨坊主又用草料来激励骡子，结果还是一样，骡子总望着门外不肯拉磨。磨坊主生气了，便用鞭子不停地抽打它，骡子终于不堪忍受，脱开缰绳跑了。在逃亡的路上，骡子碰到了一位农夫，农夫让它拉犁耕地，骡子觉得自己终于有了用武之地，便高高兴兴地跟着那位农夫。尽管拉犁耕地要比拉磨累，但它觉得这才是自己应该做的事，于是每天都干得很卖力。

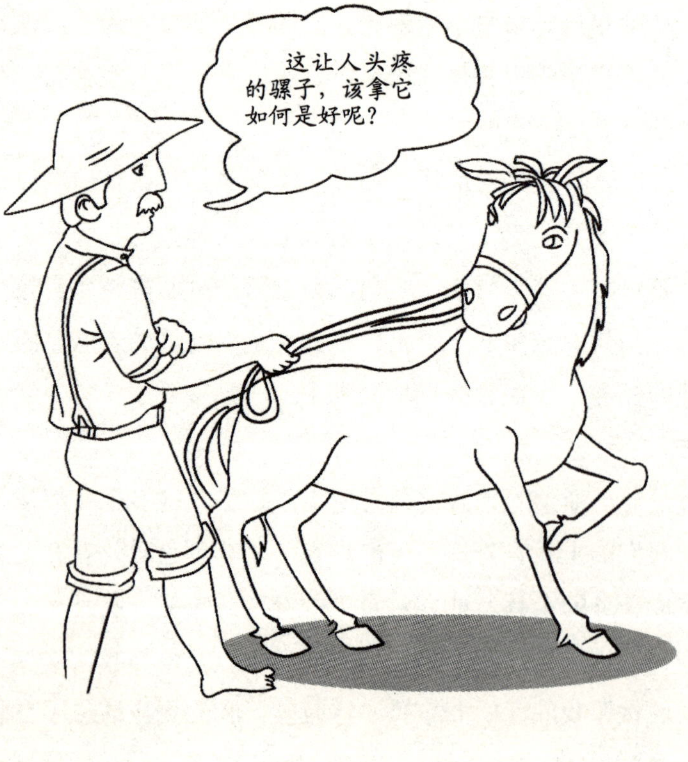

只有心甘情愿地去做自己想做的事，我们的能力才会被完全释放出来。我们不应该把自己看做只会干活的工具，更应该忠于自己，主动完成任务。反过来说，只有积极主动地完成任务，我们的个性和创造性才更容易赢得上司的尊重，我们才可能更好地实现自我价值，让自己成为企业智慧和灵感的源泉。

履行承诺方可心安理得

在《伊索寓言》中有这样一个故事：一只落入陷阱的乌鸦恳求阿波罗神放了它，并发誓向他的神殿供奉乳香。可是当它从危险中逃脱后，就忘记了自己的诺言。不久之后，乌鸦又再次落入了陷阱，这次它不求阿波罗神了，而是转向墨丘利神，许诺为他供奉乳香。这个时候墨丘利神出现了，他对乌鸦说道："你这个卑鄙的家伙！你欺骗了你的恩人，我怎么会信任你呢？"

承诺是金，在讲效益、重结果的职场中更是如此。工作中的承诺不仅仅是一份承诺，更体现了你的立身之本——人品。言而有信，说到做到，意味着我们要在做事的时候保持理性，而不是感情用事，更不能抱有"决策拍脑袋，执行拍胸脯，失败拍屁股"的不负责任的态度。

在职场中，乐于助人是一种美德，也容易为自己赢得人气，但当同事请你帮忙时，绝不能随便应允。对于自己力所能及的事情，自然应该愉快答应，并尽力去做；对于那些超出自己能力范围的事情，也要懂得委婉地说"不"。承诺要合情合理，履行的时候要不遗余力，只有这样，我们才能真正成为值得信赖的人，收获内心的平静与安宁。

一位在商业上有所成就的英国绅士在回忆自己的童年时，总要提起父亲做过的一件事情。

英国上流人士的住宅一般都带有花园。在这位英国绅士年幼的时候，他家的花园里有一座旧亭子，他的父亲想将其拆除，并在较为开阔的地方另建一座亭子。当这位绅士在家度假结束正要返回住宿学校的时候，工人们正准备拆除亭子。他很想迟些天返校，以便亲眼看一看亭子是怎样被拆除的，而他的父亲却没有允许。幸好，在母亲的协调之下，父亲答应将亭子的拆迁推迟到下一个假期。这样一来，他才高高兴兴地离家返校了。

等这位绅士到了学校之后，他的父亲觉得儿子在学校里忙于学习，慢慢就会把这件事忘掉，于是他立即就让人把亭子拆了。下一个假期很快就来临了，这位绅士一回家便朝旧亭子走去，但那里已经什么都没有了。第二天早餐时他便闷闷不乐地对父亲说："你说话不算数！"他的父亲听后大为震惊，稍停片刻，十分严肃地道歉道："孩子，你说得对，我错了，我这就改正。履行承诺比拥有财富更为重要，纵有万贯家产也不能抵消食言给品性带来的污点。"这之后，父亲让人在原地重新建了一座亭子，然后再当着他的面将其拆除……

在漫漫职场路上，我们会许下很多承诺，同事、客户和上司都期待我们能够履行承诺。即使是对于那些需要的时间和支付的成本并不大的承诺，我们也必须认真对待。一个不能履行承诺的人，不仅得不到别人的尊重，也会对自己的职业发展非常不利。

第九章　你不是一个人在战斗

感谢同伴：罗文奇迹由团队创造

细读把信送给加西亚的故事，这个美国军事史上的奇迹实际上不是由罗文一个人创造的，而是很多人共同努力的结果。在职场中，很多时候我们都不是一个人在战斗，我们应该有意识地培养自己的团队精神。

一位老农在上山开荒的时候发现一丛荆棘中有一个箩筐大的蚂蚁窝。荆棘被老农砍倒，蚂蚁窝也随之被破坏，无数蚂蚁蜂拥而出。老农立刻将砍下的杂草和荆棘围成一圈点燃，风吹火旺，蚂蚁纷纷四散逃命，但无论往哪个方向逃都会被火墙挡住。蚂蚁们的求生空间在火焰的吞噬下越缩越小，灭顶之灾即将到来。

就在这个时候，奇迹发生了。火海中突然出现一个黑球，一开始只有拳头那么大，随着蚂蚁不断往上粘，黑球变得越来越大，剩下的蚂蚁还在不断向黑球冲去。蚂蚁们在这个危难时刻做出了一个惊人的决定，一圈又一圈的兵蚁和公蚁将蚁后包围在最里面，它们团结一心滚出了火海。最外层的蚂蚁都被烧焦了，但仍有蚂蚁不断粘上火球，它们死得无怨无悔。蚂蚁们就是用这种自我牺牲的方式保全了集体的核心力量，躲过了全军覆没的命运。老农捧起蚂蚁焦黑的尸体，感慨万分：团队的力量，能够战胜一切困难！

与蚂蚁一样，狼也是一种极富团队精神的动物。与虎和豹的离群索居不同，狼是一种群居动物。狼群狩猎的时候依靠集体的力量，既有明确的分工，又有密切的合作，能够通力合作战胜比自己强的对手。许多大型的动物并不害怕单独的狼，但一群有着团队精神和严密组织、配合默契的狼，足以让狮、虎、豹、熊等猛兽色变，足以使任何比狼更为凶猛的猛兽退避三舍。正如某世界五百强集团董事会主席所说的那样，“狼的许多难以置信的做法都值得借鉴。最值得称道的是战斗中的团队精神，协同作战，甚至不惜为了集体的胜利而粉身碎骨。在商战中，这种团队精神是最令对手恐惧的，也是最有杀伤力的”。

团队精神，正是现代企业真正的核心竞争力所在。市场竞争就是团队协作能力的竞争，许多能够在市场竞争中立于不败之地的公司，无不体现出一种精诚合作的团队精神。例如，通用公司当年奇迹般崛起，绝不仅仅得益于它的领军人物韦尔奇，还得益于通用整个团队中每位员工的努力。通用公司的精神写照正是：人的价值高于物的价值，共同价值高于个体价值，共同协作的价值高于单打独斗的价值，社会价值高于利润价值。

团队精神不是口号，不是广告，而是成员的共同价值观，以及他们在关键问题上的一致理解与行为。一车沙子从高空散落与一车凝固成块的混凝土从高空落下，其威力有着巨大的差异。团队精神的培养，就是要把一车散沙变成已凝固成块的混凝土。在团队中，我们就像是最原始的散沙，每个人的知识结构、技术能力和工作经历都各不相同，只有当我们学会有效沟通，并充分信任自己的合作伙伴的时候，我们才能和团队融合在一起，最终形成高强度的混凝土。

木桶定律：不要成为致命的一环

著名的木桶定律是这样阐述的：一只由几块木板钉成的桶到底能装多少水，并不取决于那块最长的木板，而取决于那块最短的木板。

团队的表现同样遵循木桶定律。在一个团队里，决定这个团队战斗力的关键往往不是那个能力最强、表现最好的优秀员工，而是那个能力最弱、表现最差的落后者。只有让所有的成员能力均衡，才能充分发挥团队作用。

由著名的木桶定律，我们还能得出三个推论：

推论一，只有所有木板都一样高，木桶才能盛满水。如果有任何一块木板不够高，木桶里的水就不可能是满的。

推论二，一旦有一块木板偏低，其他木板高出的部分是没有任何意义的，高得越多越浪费。

推论三，要想提高木桶的蓄水量，就应该加高最低木板的高度，这是唯一有效的途径。

倘若把我们的团队比做一个木桶，那么我们每个人都是这个木桶上的一块木板。如果我们不小心成为最短的那块木板，也就是团队中最薄弱的部分，那我们所面临的选择只有两个：要么努力提高自己，让自己“变长”；要么被其他木板取代。

与木桶定律相对应的还有多米诺骨牌效应。多米诺骨牌是一种用木制、骨制或塑料制成的长方形骨牌。玩时将骨牌按一定间距排列成行，轻轻碰倒第一枚骨牌，其余的骨牌就会产生连锁反应，依次倒下。在游戏开始之前，玩家们将成千上万块多米诺骨牌依次摆放出金门大桥、自由女神甚至黄石公园等图案造型，所有骨牌摆放完毕之后，只需要轻轻推倒第一块，所有的骨牌便会顺次倒下，制造出气势磅礴、妙趣横生的动态场景。但是，在表演开始之前，任何一块不小心被碰倒的“坏牌”都会使之前辛辛苦苦摆出的造型毁于一旦。

这种连锁性的反应便被人们叫做多米诺骨牌效应：第一棵树的砍伐，导致了森林的消失；一日的荒废，可能是一生荒废的开始；一点小小的不适，可能带来持续一生的健康问题；第一场强权战争的出现，可能是使整个世界文明化为灰烬的力量……不要认为这些假设只是危言耸听——在团队执行中，一块“坏牌”也有可能成为导致整个执行过程功亏一篑的因素。

在职场中，我们不能成为“最短的木板”，更不能成为“坏牌”。“坏牌”无组织无纪律，无视团队的共识和约定，不能接受他人意见，一意孤行，最后常常伤及他人，给团队目标的实现带来毁灭性的打击。如果说“短木板”使团队的整体实力变弱，那么“坏牌”则有可能使团队全军覆没。在团队协作中，我们可以不够优秀，却绝对没有理由因为自己不守规则而让众多人为之努力的成果毁于一旦。

保持信息对等：别让沟通影响执行

没有良好的沟通就没有高效执行力，而沟通障碍对执行的影响有时候是致命的。

1990年1月25日晚上7点40分，阿维安卡52航班正飞行在南新泽西海岸上空11277.7米的高空。当时机上的油量可维持近2个小时的航程，离飞机降落在纽约肯尼迪机场只有不到半小时的时间了，正常情况下，这一剩余油量可以说是非常安全的。然而，这之后却发生了一系列的不测。

晚8点整，机场管理人员通知52航班，由于航空管制，他们必须在机场上空盘旋待命。晚8点45分，52航班的副驾驶员向肯尼迪机场报告他们的“燃料快用完了”。机场管理员虽然收到这一信息，但一直没有批准飞机降落。在此次报告之后，阿维安卡机组成员再没有向肯尼迪机场传递过任何紧急信息。晚9点24分，飞机终于被告知可以降落，却由于飞行高度太低以及能见度太差试降失败。当地面工作人员指示飞机进行第二次试降时，机组成员再次提醒说燃料将要用尽。晚9点32分，飞机的两个引擎失灵，1分钟后，另两个引擎也停止了工作，燃料耗尽的飞机于晚9点34分坠毁于长岛。当调查人员找到机上的黑匣子并与当班的地面指挥人员交谈之后，他们发现正是沟通障碍导致了这场悲剧。

首先，飞行员一直说飞机的燃料不足，而机场管理员则认为，这是航班延误时飞行员们经常说的一句话，只有当飞行员发出“燃料危急”的呼声时，管理员才会优先为其导航，并尽可能地允许其着陆。遗憾的是，52航班的飞行员从未说过“情况紧急”，因此肯尼迪机场的管理员一直未能了解飞行员所面临的真正困境。

其次，虽然许多管理员接受过专门的训练，可以在各种情境下捕捉到飞行员声音中极细微的语调变化，但52航班飞行员的语调始终没有向他们暗示“情况紧急”。尽管机组成员相互间确实表现出对燃料问题的极大忧虑，但他们在向机场传达信息时所用的语调却是冷静而职业化的。

最后，飞行员的文化传统和机场的职权特点也使飞行员不愿意声明情况紧急。一旦正式报告情况紧急，事后飞行员需要写大量的书面汇报；同时，如果发现飞行员在计算飞行油量方面有所失误，联邦飞行管理局就会吊销其驾驶执照。这些消极的措施极大地阻碍了飞行员发出紧急呼救，于是便在这样的紧急关头赌上了自己的飞行技能和荣誉感。

人类历史上一次又一次的事故都在反复向我们说明，沟通在执行中是至关重要的。产生沟通障碍的最根本原因是信息不对等。如果地面指挥人员在飞机出事之前就坐在飞行员身旁，那么双方肯定都会对整个情况了如指掌。由于空间阻隔、时间延迟和美国航空业的潜规则，一部分重要信息被沟通双方有意无意地隐藏起来，因此沟通障碍的产生就成为必然。

我们应该学会听，也应该学会说，还应该学会从声音、语调和动作中去传达和领会信息。根据信息对等的原则，无论是拥有“千里眼”的聋子还是拥有“顺风耳”的瞎子都是不足取的。

我们也不能忘记沟通的初衷。无论在什么情况下，沟通的目的都是为了更好地执行，因此沟通必须贯彻执行过程的始终。

信任和接纳：在惊涛骇浪中共同成长

个人的力量是十分渺小的。正因为如此，我们才会在团队中实现共同的梦想。既然登上了一条船，如果对团队成员缺乏起码的信任和接纳，我们又怎么能够创造辉煌呢？

然而，在现实生活中，团队的组合往往是这样的：在一切都非常顺利的时候，大家相安无事；一旦团队出现危机、遭遇逆境时，争吵之声就会此起彼伏、不绝于耳，矛盾由此产生。从争吵到矛盾，从矛盾到怀疑，从怀疑到指责，再从指责到瓦解，一个团队就此消失。

团队要想发挥超凡的执行力，就必须构建领导与成员、成员与成员间的互信关系。作为团队的一员，我们怎样才能相互信任和接纳呢？

首先，我们应该拥有海一样的胸怀，包容自己与他人的差异，体谅他人的不足、失误和无意的冒犯。这个世界上没有十全十美的人，同样，在一个团队中不是所有人都能让你满意。要想与团队成员相互信任和彼此接纳，我们应做到如下这首小诗所说的：请给我平静，让我面对我不能改变的事实；请给我勇气，让我改变我能改变的事实；请给我智慧，让我辨别这两者之间的不同。

其次，力求坦诚沟通，不要尝试在团队中玩弄权术。在一个团队中，沟通的基调就应该是坦诚的。

森林里有7个农夫，他们住在一起，每天分食一块完全不够吃的面包。一开始，他们抓阄决定谁来分面包，每天换一个人分面包，结果在一个星期中，每一个人只有在自己主持分面包的那天才能够吃饱。后来他们推选一个道德高尚的人出来分面包，但强权就会产生腐败，于是大家开始挖空心思去讨好贿赂那个“圣人”，将整个团队搞得乌烟瘴气。随后大家又组成了3人的分面包委员会及4人的评选委员会，一通观点交锋之后，面包吃到嘴里都已经是凉的了。最后也不知是哪个聪明人为他们想出了一个方法：还是用最初轮流分面包的方法，但分面包的人要等其他人都挑完后才能拿面包。从此以后，大家又快快乐乐、和和气气地生活，日子也越过越好。

要想用最优的办法去解决困难，就要求团队成员不能玩弄权术。所有好方法、好方案、好策略和好计划往往都是智慧碰撞的火花。只有平等而坦诚的沟通，才可能让不同的智慧发生碰撞。在一个团队中，我们只有与其他成员坦诚相见，“用一个声音讲话”，才有可能做到信息对等，求得相互间的尊重和认可。

再次，作为团体的成员，我们应该严于律己，宽以待人。这是因为虽然成员的目标和价值观应该保持总体上的一致性，但每个人的兴趣、爱好、性格和说话做事的方式都会有所不同。在一定范围内，和而不同、求同存异的理念是被鼓励的；与此同时，我们每个人也必须严于律己，主动约束自己的一些言行，踏踏实实地做好每件事，用行动力和自律精神来体现自己的实力、能力以及敬业精神。

最后，在一个团队中，我们还应该努力提高自身素质。只有在每个成员的能力与水平均得以淋漓尽致地发挥时，团队的执行力才能达到极致。如果团队中有人不具备过硬的本领和技能，那么团队成员间就很容易产生隔阂和矛盾，接纳和信任也就无从谈起。团队中的不同成员往往具有不同的优势，而团队的竞争力往往正是由这些差异互补产生的。只有自身能力过硬，才能主动融入团队积极的工作氛围中，并带动其他人一起进步。

第十章　点燃激情，执行无处不欢乐

为执行注入激情的血液

每天早晨，西点军校的起床号一响起，全校学员就必须以饱满的热情迎接崭新的一天。所有参观过西点的人都会感慨，“在西点，你根本看不到一个精神不振的人”。没错，对于军人来说，激情就是斗志和魄力。而激情对于一个员工来说，应该是对自己本职工作发自内心而表现于外在的执著和热爱。这种热爱有着惊人的感染力，如果我们从事销售，那么它能让顾客感受到产品的灵魂和精髓；如果我们从事设计，那么欣赏者将感受到一种强大的力量，这种力量让他们有强烈的愿望去触碰和感受我们的作品。

每天工作十六七个小时的乔布斯算得上常人眼里的工作狂了。当你和他讨论与工作相关的事情时，他会非常乐意；如果你和他谈论一些工作之外的话题，他常常很快失去兴致。乔布斯对苹果公司的业绩要求非常高：对于手机行业来说，光凭一款产品就创造出接近10%的市场占有率已经是一个奇迹，然而乔布斯看到这一结果的第一反应却是想要弄清剩下的90%的市场占有率分别是由哪些公司的哪些产品所占领的。除此之外，乔布斯还忙于向人们宣传自己对于手机操作平台及整个信息社会未来趋势的理念。为此，他非常乐意到世界各地去演说，乐此不疲地向不同语言、不同肤色的人展示自己的激情和信心。

激情就是执行的生命力。很多时候，优秀员工和平庸员工在技术、能力和智慧上并没有太大的差距，只是在这个世界上，具有激情的人更容易获得成功。从某种意义上讲，激情比能力更重要。凭借激情，你可以让工作变得生动有趣，让自己在职场的每一天都充满活力。激情是一种非常外化的良好精神面貌，它能使你很快受到关注、重视和肯定，从而赢得宝贵的发展机会。反之，一旦失去激情，你将很难在工作中立足和成长。

综观很多失去了工作激情的人，他们都有一些共同特点：

因为对自己从事的工作不感兴趣，所以失去了工作热情。

手头所做的工作与自己的事业愿望背道而驰。

所从事的工作缺乏成就感，不能激发自己的工作激情。

对自己的事业从来没有做过长远的计划，往往只确定短期目标，甚至没有任何目标。

你可能会继续追问，究竟是什么样的深层原因让这些人失掉了工作激情?

首先，工作的厌倦感与心理期望值的反差有关。当一个人的梦想不能照进现实，或是想象与现实相差甚远时，就很容易失去激情，产生疲劳感。

其次，从事那些压力大、挑战性强的职业，如果缺乏足够的适应性也容易感到疲倦。当职业目标的实现总是让人感到非常艰辛，甚至几乎看不到任何实现的希望时，人就会厌倦，哪怕是对于原本十分热爱的工作。适度的跳跃固然有助于我们发挥潜能，但如果一个人老是要跳起来才能拿到东西的话，他很容易感到疲惫。与之截然相反的是那些太轻松的工作。当工作要求远远低于自身的能力水平时，人往往会因为过于游刃有余而把工作视作一种简单枯燥的重复，从而逐渐失去激情。

那么，如何为执行注入激情的血液呢?

首先要确定对于你来说最重要的事情，然后做好计划，一步步实现自己的目标。一个合理的计划必须包含很多短期目标，而这些短期目标最终要能帮助你实现长期目标。当发现目前所做的工作不适合自己的时候，应该勇敢一点，果断找寻新的目标。只有发自内心的激情，才是真正的激情。人做任何事情都需要动力，真正的原动力来源只可能是你自己。始终让自己兴致百倍地置身于一个不断追求、超越自己的过程中，我们便能为执行长久地注入激情。

信念也是一种战斗力

信念是认知、情感和意志的有机统一体，是人们在一定的认识基础上确立的对某种思想或事物坚定不疑并身体力行的心理态度和精神状态。世界上从来没有任何力量像信念这样，会对我们产生如此巨大的影响力。

《病理的解剖》一书作者诺曼·卡曾斯与20世纪最伟大的大提琴家之一——卡萨尔斯会面的日子，正是卡萨尔斯90岁生日前不久。

老人的日子过得有些惨不忍睹，他是那么衰老，又患有严重的关节炎，不得不在护工的协助下穿衣服。他患有肺气肿，呼吸十分吃力；他步履蹒跚，头不时地往前颠；他的双手有些肿胀，十根手指就像鸟爪子一般。从外表来看，这位伟大的大提琴家老态龙钟，早已失去了昔日的风采和魅力。

就在诺曼·卡曾斯感慨岁月无情、人生苦短的时候，奇迹却发生了。

在吃早餐之前，卡萨尔斯居然吃力地坐上了钢琴凳，颤抖着把那弯曲肿胀的手指抬到琴键上——钢琴也是他极为擅长的几种乐器之一。刹那间，神奇的事情发生了，卡尔萨斯的精神面貌焕然一新，全身上下透出飞扬的神采。他的身体好像又变得灵活，成为一位健康、强壮、柔韧的钢琴家。后来卡曾斯这样描述卡萨尔斯："他的手指缓慢地、舒展地移向琴键，好像迎着阳光的新芽；他的背脊挺得直直的，呼吸似乎也变得顺畅起来。弹奏钢琴的意念，让他的心理状态和生理状态发生了天翻地覆的改变。

"弹奏《月光奏鸣曲》的时候，他的技法是那么纯熟灵巧、丝丝入扣；随后他又弹起《勃拉姆斯协奏曲》，他的手指在琴键上轻快地滑动着，就像海中自在的游鱼。他整个身体都被音乐消融，不再为关节炎而苦恼，也不再僵直佝偻，你所能看到的就只有柔情和优雅。在他演奏完毕，离开琴凳之后，他与当初落座的时候已经全然不同：他站得更挺直，看起来个子更高，走路也不再吃力。他几乎是健步如飞地走向餐桌，大口地吃着自己的早餐，然后走出家门，怡然自得地漫步在海滩的清风中。"

对于卡萨尔斯来说，音乐就是一种强大的信念，是他与生命战斗的武器。

司图尔特·米尔曾说："一个有信念的人所拥有的力量，不小于99个仅仅怀着兴趣的人。"这就是信念能开启卓越之门的原因。信念同时也像指南针，为我们指明人生的方向，并带给我们一定能够到达终点的信心。

在工作中，坚定的信念是执行力发挥的内在需要，也是使企业在激烈的竞争中立于不败之地的战斗力。只有当员工明晰企业的发展战略、认同企业的发展愿景、愿意为企业的发展贡献自己的一切聪明才智时，员工才会把企业的远景纳入自己的信念之中，在执行上级决定和企业制度时能自觉从企业整体利益出发，积极主动地完成任务。

全力以赴做好每件事

人性是奇妙的，人性往往能够创造奇迹。太多人用他们的经历告诉我们，人能够有意识地创造人生，而不是漫无目的地虚度一生。还有很多人最初完全没有把握未来的信心，但在全力以赴、放手一搏之后发现自己已经在不知不觉中成功地扭转了自己的人生。

艾文大学毕业后，在德国驻英国大使馆做了一个小小的接线员。接线员是一个很多人认为没出息的工作，艾文却在这个普通的工作岗位上做出了卓越的成绩。他将使馆所有工作人员的名字、电话、职责范围甚至他们家属的名字都背得滚瓜烂熟。遇到有人打电话到使馆，却不知道该找谁时，艾文就会多问问，尽量帮助对方找到要找的人。慢慢的，使馆人员有事外出都不告诉自己的助理，而是给艾文打电话，委托他处理

自己外出期间的公事和私事，艾文竟然在不知不觉中成为使馆的“留言秘书”。

没多久，艾文就得到了德国大使的点名表扬，还因为出色的工作被破格调去给英国某报记者处做翻译。该报的首席记者是个很出名的老头儿，他得过战地勋章，被授过爵位，但脾气和本事同样大，传说他已经赶跑了好几任翻译。一开始这位老头儿不想要艾文，看在大使的面子上才勉强同意一试。没想到，一年后老头儿对艾文的工作十分满意，艾文又一次被破格升调到英国外交部，他同样将新的工作做得有声有色……

对于全力以赴做好每件事情的人，工作总会给予他们意想不到的奖赏。是否能够全力以赴，便是成功者与失败者的最大差别。

曾有3个人同时做一个小游戏：分别在纸片上写下他们曾经见过的性格最好的朋友的名字，还要注明原因。

结果公布后，第一个人是这样解释自己的理由的：他一走进房间就能让气氛焕然一新。他热情活泼、乐观开朗，具有一种振奋人心的力量。

第二个人写的是：无论在什么场合，做什么事情，他都能尽其所能，全力以赴。

而第三个人写的是，他对一切事情都尽心尽力。

做游戏的这3个人都是记者，分属美国3家大型杂志，他们几乎踏遍了世界的每一个角落，结交过各式各样的朋友，然而他们的纸片上竟然不约而同地写上了澳大利亚堪培拉一位著名建筑设计师的名字，这真是让人吃惊。而这位建筑设计师的全力以赴，正是他如此受欢迎的原因。

我们常常从外部环境中为自己寻找理由和借口，却很少扪心自问：我全力以赴了吗？我真的对得起这份工作吗？这也许就是导致工作诸多不如意的根本原因。不管你的工作与你的预期之间有多大的差距，也不管你的工作有多么单调乏味，我们能做的只能是全力以赴去应对每一件事情。

带着幽默感执行也是一种工作态度

快乐是一种生活态度，它也影响着我们工作时的态度。内心充满快乐的人，执行任务时也常常是快乐的。虽然执行是不容含糊的，但与工作中的幽默活泼并不矛盾。即使是身负重任的罗文中尉，在面对古巴军方对自己所履行的职责的误译时，也忍不住发出幽默的感慨："联络处在送给将军的信中称我为'密使'，可翻译却将这个词译成'自信的人'——原来幽默始终伴随着我！"

事实上，面对职场的压力，幽默感是最好的消极情绪防弹衣，也是永不生锈的积极情绪发动机。拥有幽默感的人，常常有办法将情绪效能发挥到极致，创造出不凡的业绩。

我们都喜欢跟幽默的人一起工作，因为他们充满趣味，能够轻易化解工作中的沉闷和乏味。从情商的角度来看，幽默又是一门相当微妙的情绪艺术，运用得当，可以使完成任务的过程更轻松。

首先，幽默感可以帮助我们化解冲突。拥有幽默感的人，总能在一些意想不到的尴尬情况下发现幽默元素，继而用嬉笑代替怒骂，有效缓和或消除对峙的紧张局面。

由于天气原因使航班延误，一位乘客在机场的航空公司前台大发雷霆，并高声要求主管亲自出面道歉。

"没问题，我帮您转接负责此事的主管，"航空公司的前台职员微笑着拿起电话，接着对着电话说道，"亲爱的上帝，我们有乘客不满意您的服务，您要不要亲自向他道歉呢？"这个小小的幽默平息了乘客的怒气。

其次，幽默感可以帮助我们顺利度过低潮期。幽默感能让我们在任何挫败中重拾勇气，看到希望，这是因为我们在运用幽默的时候往往需要适时跳开自己的角色，从旁观者的角度看待自己的处境。有人因为与老板闹翻而被解雇，却轻松地对同事说："我一直想要放个长假却不知道如何向老板开口，现在终于美梦成真了，原来对老板大吼大叫就会如愿以偿！"

再次，幽默能够增强团队的凝聚力。幽默感生效的过程，其实就是团队成员互相理解思路转换、互相分享情绪变化的过程。大伙儿在哈哈大笑后，往往能感觉心灵相通，从而产生更多的信任感。所以，一个有幽默感的工作团队，往往比缺乏幽默感的团队具有更强的执行力。

最后，幽默感还能促进学习、激发创意。心理学研究发现，懂得幽默而笑口常开的人，往往具有极佳的学习效果。幽默常常与思维碰撞，产生灵感的火花。

沃尔玛非常看重员工的幽默感与创造性之间的联系，因此这家公司总是致力于创造一个更宽松的环境，以便员工们充分发挥自己的创造性。一年一度规模盛大的馅饼竞吃大赛，就是沃尔玛一位员工在情急之下的幽默创作。1985年，亚拉巴马州一分店的经理在订货时出了差错，一下子订了比平时多四五倍的馅饼。面对运到店里堆积如山的馅饼，这位经理不知所措，因为馅饼根本无法长时间存放。突然，这位经理灵机一动，想出了吃馅饼比赛的创意来化解眼前的尴尬局面，非常受欢迎，不仅多订的馅饼一个也没有浪费，还为自己所在的分店揽到了许多订单。

事实证明，具有幽默感的人，通常在生活满意度、生产效率、创造力以及工作士气等方面都比一般人高。幽默既是一种人生态度，也是一种生存技能。适时运用幽默，我们便可以轻松对抗执行过程中所遇到的种种挫折和压力。